园区新产业工人终身技能生成育训部落构建研究

杨翠明　周李洪　李　琼　著

北京理工大学出版社
BEIJING INSTITUTE OF TECHNOLOGY PRESS

图书在版编目（CIP）数据

园区新产业工人终身技能生成育训部落构建研究／杨翠明，周李洪，李琼著. --北京：北京理工大学出版社，2022.7

ISBN 978-7-5763-0421-3

Ⅰ.①园…　Ⅱ.①杨…②周…③李…　Ⅲ.①产业工人-人才培养-研究-中国　Ⅳ.①F425.15

中国版本图书馆CIP数据核字（2021）第201249号

出版发行／北京理工大学出版社有限责任公司
社　　址／北京市海淀区中关村南大街5号
邮　　编／100081
电　　话／（010）68914775（总编室）
　　　　　（010）82562903（教材售后服务热线）
　　　　　（010）68944723（其他图书服务热线）
网　　址／http：//www.bitpress.com.cn
经　　销／全国各地新华书店
印　　刷／三河市华骏印务包装有限公司
开　　本／710毫米×1000毫米　1/16
印　　张／10.5
字　　数／115千字
版　　次／2022年7月第1版　2022年7月第1次印刷
定　　价／58.00元

责任编辑／江　立
文案编辑／江　立
责任校对／周瑞红
责任印制／施胜娟

序

《中国制造 2025》提出，坚持“创新驱动、质量为先、绿色发展、结构优化、人才为本”的基本方针，通过“三步走”实现制造强国的战略目标。人才兴则民族兴，人才强则国家强，国家兴盛，人才为本。

近年来，职业教育作为一种类型教育得到了国家的高度重视，也取得了很大的发展，在完善职业教育和培训体系方面也进行了诸多改革和探索。但是，我国职业教育的发展仍然存在很多问题，高素质技术技能人才供需之间的结构性矛盾依然突出，企业参与办学的动力不足，育训结合的体系建设和制度建设不够健全，尤其是立足职前教育、职后培训、终身教育于一体的终身技能形成体系还未真正形成，“技能短视”现象仍非常严重，难以满足国家创新发展对技术技能人才的迫切需要。

如何破解终身技能生成动力不足的问题？如何破解终身技能生成资源不够的问题？如何破解终身技能生成路径不畅的难题？本书作者结合自身十余年园区、学校、企业、职教研究机构协同育人的创新实践，提出了构建园区产业工人终身技能生成机制复合体——“育训部落”，通过“前中后转贯通”“政产研教联通”“岗课赛证融通”（“三通”）并举改革职业教育生态，系统探索和解决上述问题的现实之路。

“育训部落”的提出，顺应了新时代国家职业教育改革的新思想和新要求。该部落是以园区产业工人终身技能“前中后转贯通”为目标，构建激发终身技能生成动力的机制；以“政产研教联通”为平台，构建终身技能生成的平台；以“岗课赛证融通”为途径，构建终身技能生成的路径，“三通”并举构建新产业工人技能人才终身职业能力教育与培训体系，形成新产业工人终身技能生成机制，对培养高素质劳动者大军，建设技能型社会具有重要意义。

近年来，本书作者通过实践“育训部落”模式，培养了一大批创新型工匠人才，本书正是这些实践经验的总结，主要体现在以下方面：

（1）前瞻性。作者深入研究了技能生成规律，将园区新产业工人职业生命周期与技能生命周期相结合，耦合形成终身技能成长模型，为园区新产业工人育训工作提供科学、系统的理论依据。

（2）创新性。作者系统构建了育训部落，即由“前中后转贯通机制”“岗课赛证融通机制”“政产研教联通机制”构成的“结构—关系—规范”育训机制复合体，具有一定的创新性。

（3）适切性。作者聚焦园区新产业工人终身技能生成需求，提出了跨越“前中后转”时间、“岗课赛证”空间、“政产教研”主体三个维度的育训提质升级的新路径，为园区新产业工人育训工作提供了切实可行的指导方案。

一种职业教育体系的形成和推广，需要长期的实践和总结。本书倡导的“三通”并举育训部落培养模式是作者不断反思、总结、提炼和优化的结果。我愿意将这本书推荐给读者，并以此分享、研究和推广有益的经验，共同探索产业工人终身技能的形成体系和培养规律，为我国职业教育事业的发展做出自己的贡献。

目　　录

第一章 绪论

第一节　研究背景与意义

人才兴则民族兴，人才强则国家强，国家兴盛，人才为本。我国正处于实现中华民族伟大复兴的关键时期，经济已由高速增长阶段转向高质量发展阶段，以科技创新为主体的技术革命和产业结构调整为主体内容的产业革命正在经济领域进行。随着社会生产力的快速发展，我国高技能人才的短缺已经成为制约我国经济发展的重要因素。现如今的中国，无论是新兴产业还是传统产业，对于先进生产技术高技能人才的培养尤为迫切。党和国家的重大战略决策既开始注重对人力资源的开发，又注重对拥有先进生产技术的高技能专门人才的培养。

2017 年 2 月国务院发布的《新时期产业工人队伍建设改革方案》文件中首次提出："改革围绕加强和改进产业工人队伍思想政治建设、构建产业工人技能形成体系。"党的十九大报告中指出要"大规模开展职业技能培训，建设知识型、技能型、创新型劳动者大军"。①

2018 年 5 月国务院关于《推行终身职业技能培训制度的意见》中提出：建立并推行覆盖城乡全体劳动者、贯穿劳动者学习工作终身、适应就业创业和人才成长需要以及经济社会发展需求的终身职业技能培训制度，实现培训对象普惠化、培训资源市场化、培训载体多元化、培训方式多样化、培训管理规范化，大规模开展高质量的职业技能培

① 国务院关于推行终身职业技能培训制度的意见［EB/OL］.（2018-05-08）［2022-08-16］. http://www.gov.cn/zhengce/content/2018-05/08/content-5289157.htm.

训，力争2020年后基本满足劳动者培训需要，努力培养造就规模宏大的高技能人才队伍和数以亿计的高素质劳动者。[①]

2020年9月教育部等九部门关于印发《职业教育提质培优行动计划（2020—2023年）》的通知中指出："落实职业学校并举实施学历教育与培训的法定职责，按照育训结合、长短结合、内外结合的要求，面向在校学生和全体社会成员开展职业培训。支持职业学校承担更多培训任务，成为落实《职业技能提升行动方案（2019—2021年）》的主力军，实现优质职业学校年培训人次达到在校生规模的2倍以上。深入推进1+X证书制度试点，及时总结试点工作经验做法，提高职业技能等级证书的行业企业认可度。发挥职业教育培训评价组织在实施职业技能培训中的重要主体作用。推动更多职业学校参与1+X证书制度实施，服务学生成长和高质量就业。引导有条件的普通高校和职业学校参与企业大学建设。根据军队需要保证职业学校定向培养士官质量。支持国家开放大学办好面向军队军士的学历继续教育。依托职业院校、培训机构、农业技术推广站等机构，面向'三农'提供全产业链技术培训服务及技术支持，为脱贫致富提供持续动力。引导职业学校和龙头企业联合建设500个左右示范性职工培训基地。"[②]

2021年6月《全民科学素质行动规划纲要（2021—2035年）》中指出："实施职业技能提升行动。在职前教育和职业培训中进一步突出科学素质、安全生产等相关内容，构建职业教育、就业培训、技能提升相统一的产业工人终身技能形成体系。通过教育培训，提高职工

---

① 国务院关于推行终身职业技能培训制度的意见［EB/OL］.（2018-05-08）［2022-08-16］. http://www.gov.cn/zhengce/content/2018-05/08/content-5289157.htm.

② 教育部等九部门关于印发《职业教育提质培优行动计划（2020—2023年）》的通知［EB/OL］.（2020-09-23）［2022-08-16］. http://www.moe.gov.cn/srcsite/A07/zcs_zhgg/202009/t20200929_492299.html.

安全健康意识和自我保护能力。深入实施农民工职业技能提升计划、求学圆梦行动等，增加进城务工人员教育培训机会”。①

随着数字技术和企业数字化转型所催生的新业态、新模式、新技术、新产品层出不穷，物联网、人工智能等高新技术的研发和应用使得我国行业、企业面临前所未有的人才挑战，高素质技术技能人才供需之间的结构性矛盾依然突出，同时出现人才培养供给侧与产业发展需求侧不能有效匹配、企业参与办学的动力不足、育训结合的体系建设和制度标准不够健全等一系列问题②。

我院处于长沙经济开发区，园区及其中企业的持续发展壮大，对产业工人各方面的素质提出了新的更高要求，高职院校的毕业生不能再止于单一高级技术技能型层次，而应该是兼具良好的思想品德与身心素质、精湛的专业技术与创新能力、扎实的基层建设与管理技能、突出的劳模精神与职业素养的具有综合化能力结构的新工长型人才。在此形式下，职业院校教育教学却显得与产业发展对接还不紧密，忽视了“专业分类将进一步模糊化”的趋势，满足不了产业发展需求，忽视了“工作领域中专业技能将出现多层次的交叉重叠”的发展趋势，对学生职后发展关注不多等情况仍然存在，而单独依靠职业院校的力量已达不到培养综合型和创新型高质量工长型人才的标准。所以，经开区高职院校要主动深度融入经开区的发展，借助企业优势弥补自身不足，形成唇齿相依的命运共同体，以求共生共荣。

综上所述，新的产业发展形势对技术技能人才终身学习以及企业

---

① 国务院关于印发全民科学素质行动规划纲要（2021—2035 年）的通知［EB/OL］.（2021-06-03）［2022-08-16］. http://www.gov.cn/zhengce/content/2021-06/25/content_5620813.htm.

② 孙兵，周启忠. 职业教育育训共同体的构建与实践探索［J］. 江苏工程职业技术学院学报，2020，20（4）：79-85.

提升人力资源水平提出了新的需求，加强劳动者的职业技能教育与培训成为解决新技能人才短缺的根本举措。构建新产业工人技能人才终身职业能力教育与培训体系，构建新产业工人终身技能生成机制，对培养高素质劳动者大军，建设技能型社会具有重要意义。

第二节 核心概念的界定

一、园区

园区指我院所处的长沙经济技术开发区。长沙经济技术开发区（以下简称经开区）成立于1992年，实施面积47. 17平方公里，占全省约40%、长沙片区约60%。2000年升格为国家级经开区。同年9月，园区获批中国（湖南）自由贸易试验区，作为实施面积最大、以打造全球高端装备制造业基地为定位的核心片区正式启动建设。

长沙经开区近几年发展趋势与人才需求现况如下：

1. 发展目标

长沙经开区紧扣“率先打造国家智能制造示范区、率先建设5 000亿国家级园区”发展目标，认真贯彻高质量发展要求，大力实施“强园富县、优二兴三、转型升级、融合发展”战略，持续推动制造业高质量发展，着力打造改革开放新高地。

2. 园区产业

工程机械、汽车及零部件、电子信息“两主一特”产业创新发展，培育了三一集团、铁建重工、山河智能等全球工程机械50强企业，集聚了广汽菲克、上汽大众、北汽福田、广汽三菱、三一重卡、博世汽车、吉利汽车、住友橡胶、大陆集团、索恩格等汽车及零部件知名企业，引进了国科微、蓝思科技等电子信息龙头企业。截至2020年年底，园区共有世界500强投资企业35家，过1 000亿元企业1家，过100亿元企业4家，过10亿元企业15家，年产值亿元以上企业92家，高新技术企业357家。据统计，截至2020年，园区完成规模工业总产值2 530. 5亿元，全社会固定资产投资311. 6亿元，税收171亿元；完成进出口总额55亿美元，实际利用外资8. 15亿美元。在商务部2020年国家级经开区综合发展水平考核中其实力位列第17位，21世纪经济研究院发布的《2020年全国经开区营商环境指数报告》中位居全国第9，中部排名第1。

“十四五”期间，长沙经开区积极构建新发展格局，全面贯彻新发展理念，科学把握发展的新阶段，加快工程机械及先进轨道交通装备产业、汽车及零部件产业、以新一代半导体和集成电路为特色的电子信息产业、以区块链为核心的数字经济产业、生物技术及生命健康产业“五大产业”，向高端化、智能化、绿色化、融合化方向发展，主攻强园富县、坚持人智驱动、推动产城共兴、实现融合升级，着力推进平台创建、自贸试验区赋能、科技创新驱动、营商环境优化、“腾笼换鸟”扩面等重点工作，加快园区高质量、产业高端化发展，朝着打造“三个高地”、奋进“两个率先”、加快“两区”高质量发展的目标阔步前进，在忠实践行“三高四新”战略、建设现代化新湖南示范区中勇开新局、走在前列。

二、新产业工人

新产业工人即新时期产业工人。中共中央、国务院印发的《新时期产业工人队伍建设改革方案》明确提出：“要把产业工人队伍建设作为实施科教兴国战略、人才强国战略、创新驱动发展战略的重要支撑和基础保障，纳入国家和地方经济社会发展规划，造就一支有理想守信念、懂技术会创新、敢担当讲奉献的宏大的产业工人队伍。”新时期产业工人指的是一方面要具有爱岗敬业的良好道德品质和职业素养，另一方面要勇于开拓进取的工人群体。新产业工人队伍是一支有理想守信念、懂技术会创新、敢担当讲奉献的高素质产业工人队伍，能更好服务制造强国、质量强国和现代化经济体系建设。[①]

三、育训部落

育训部落即园区新产业工人终身技能生成的机制复合体。在19世纪中后期，马克思提出了奠定共同体理论基础的“真正的共同体”，随着人类经济社会的发展，共同体的内涵在不断扩大和变化。2019年1月国务院印发的《国家职业教育改革实施方案》中进一步明确提出要完善学历教育与培训并重的现代职业教育体系，健全多元化办学格局；落实职业院校实施学历教育与培训并举的法定职责，按照育训结合的要求，面向在校学生和全体社会成员开展职业培训。育训部落的提出，顺应了新时代国家职业教育改革的新思想和新要求。

育训部落基本内涵包括三个方面：一是学员部落。由在校学生，企业员工以及社区居民共同组成，发挥职业教育新职能。二是构建政教产研部落。政府、行业企业、学校、研究院所四方协同，共同打造复合体，构建终身技能生成的平台和载体。三是构建教师与企业导师

① 国务院关于印发全民科学素质行动规划纲要（2021—2035年）的通知［EB/OL］.（2021-06-03）［2022-08-16］. http://www.gov.cn/zhengce/content/2021-06/25/content_5620813.htm.

组织的部落。由教师与企业导师组织的部落形成结构双师型教师团队。育训部落的宗旨是保障学历教育与职业培训功能的深度融合，每个部落之间都要有共同的目标，形成共同的规范和制度，能够根据区域企业岗位工作群及能力要求，动态调整专业设置、课程单元与培训模块，引进优质职教资源，制定企业工种培训标准，开展企业岗位能力职业资格认证，完善适合区域产业需要的技术技能人才培养体系。

四、终身技能

终身技能指终身职业技能。2018 年 5 月，国务院发布的《关于推行终身职业技能培训制度的意见》对终身职业技能培训的内涵进行了明确，即“覆盖城乡全体劳动者、贯穿劳动者学习和职业生涯终身，从劳动预备开始，到劳动者实现就业创业和人才成长需要的职业技能培训”[①]。

从覆盖面来看，城市和农村劳动者、就业人员和待就业人员均包括在内。从培训补贴范围来看，一方面是补贴覆盖终身职业生涯，即18~60 周岁的劳动者都有机会享受政府补贴培训；另一方面是面向的群体广泛，除了对企业职工开展适岗培训、岗位技能提升培训、高技能人才培训等，对高校毕业生、农民工、退役军人等群体开展专项职业技能培训外，还对各类群体开展创业培训。从服务保障上来说，大力倡导劳动者终身培训的理念，社会各方面将提供全方位的服务保障，使“人口红利”向“人才红利”发生转变。

① 国务院关于推行终身职业技能培训制度的意见.［EB/OL］.（2018-05-03）［2022-08-16］. http://www.gov.cn/zhengce/content/2018-05/08/content_5289157.htm.

第三节　研究目的与思路

从实践中看，职业教育在产教融合、校企合作参与过程中，园区新产业工人终身技能生成机制构建存在三大问题：一是缺少一体化目标，终身技能生成动力不足。学校、企业及新产业工人本身对终身技能要素构成缺乏理性认知，整体职业规划缺失，阶段性规划及长远规划难以有效衔接，“技能短视”导致“技能终生”动力不足。二是缺少共享型机制，技能生成资源不够。新产业工人终身技能生成“壁垒森严”，存在“孤岛现象”，缺少一体化顶层设计，政产教研四方“各说各话”“各做各事”的问题普遍存在，资源、信息、人才等流动不畅，合作平台不多，激励机制不够，成才生态缺失。三是缺少成长性模式，技能生成路径不畅。主要表现在校企联合搭建的结构性双师型教师团队缺失，依托岗课赛证综合育人的课程体系、竞赛体系、认证体系尚未建立，缺少终生技能生成路径和有效模式。

为深化产教融合，按照育训结合的要求，面向在校学生和全体社会成员开展职业培训。育训部落的提出，顺应了新时代国家职业教育改革的新思想和新要求，有利于构建园区新产业工人终身技能生成机制。

构建思路包括：园区新产业工人终身技能生成机制是包含建立和完善技能投资制度、技能供应制度、技能评价和资格认证制度、技能使用制度、社会合作制度等在内的保障产业工人技能形成的机制复合体。由此可见，园区新产业工人终身技能生成机制包含技能教育与培训两个方面。职业教育是在入职前为学员提供的各层次各类型职业院校（含技工院校）的技能教育，或是指对未来产业工人的培养；而职业培训是对产业工人提供的岗位技能培训，主要包括就业技能培训、岗位技能提升培训、创业培训、转岗就业技能培训，还包括岗位练兵、技能竞赛等其他辅助培训。因此，构建园区新产业工人终身技能生成机制的主要思路是统筹两者协调发展，从目标、主体、动力三方面进行一体化设计，由此构建终身技能生成的机制复合体。

第四节 研究方法和路径

一、分析研究法

通过多方面渠道的搜索、经开区相关企业调研、政府相关数据搜集等方式得到相关资料，进行深入的探索研究以及分析基于部落的合作学习，并发现在本校的教学中所取得的成果。

二、行动研究法

通过多方位的企业调研和实践、积极听取不同教师的课程、主动互动沟通等方式，掌握育训部落在本校教学中进行的情况，做好实时记录与跟踪，及时发现不足和优点，进行适当的调整。

三、文献研究法

通过中国知网、万方数据、政府官方网站、查阅单位文件资料等方式，了解近年来国内外对育训机制、终身教育等的研究现状，吸取已有的研究成果，多方面查阅与其相关的文献资料，仔细研读，时刻把握国内外相关课题的研究动向，在已有的基础上，寻找创新点和新思路。

四、问卷调查法

在参考文献的基础上，将目前长沙县星沙经济开发区的企业、社区以及在职人员、失业人员、应届毕业生、自由职业者等作为调查对象，针对长沙县职业技能培训课程设置、政府补贴执行情况、免费培训政策宣传力度、技能培训取得效果等方面进行细致调查，并对相关信息进行整理、统计和分析。

第二章　育训部落的理论基础

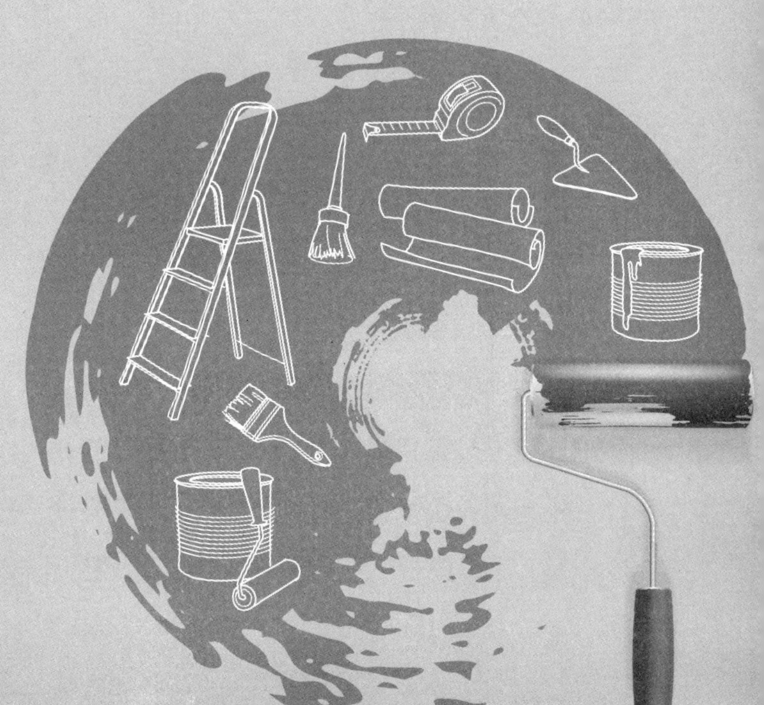

第一节　终身教育理论

对新产业工人终身技能生成机制的研究与实践源于终身教育理论。1965 年，法国成人教育局局长、联合国教科文组织终身教育部部长保罗·朗格朗（Paul Lengrand）在联合国教科文组织召开的“第三届促进终身教育国际会议”上作学术报告时首次提出“终身教育”的概念，打破了家庭教育、学校教育、社会教育之间彼此隔离的状态，这标志着终身教育作为一种国际教育思想被正式确立。他认为，终身教育是贯穿每个人一生的、促进个体“学会学习”的过程，是个体和社会生活全体教育的统合，强调每个人都要具备“学会学习”的能力，整个生涯都要不间断地接受教育，不断优化自身知识结构，从而满足人的全面发展和个性化教育需求。1972 年，埃德加·富尔（Edgasrd Faure）等学者在联合国教科文组织的支持下完成并发表的《学会生存——教育世界的今天和明天》（*Learning to Be*：*The World of Education Today and Tomorrow*）研究报告中提出，终身教育是一个整体的教育过程，包含教育的所有类型，它并非一个简单的教育体系，而是“建立一个体系的全面的组织所依据的原则，而这个原则又贯穿在这个体系的每个部分的发展过程之中”，其核心思想是“学会学习”和“持续学习”[①]。简而言之，终身教育是个体在整个生涯之中所接受的各类教育的综合。

① 联合国教科文组织国际教育发展委员会. 学会生存——教育世界的今天和明天［M］. 北京：教育科学出版社，1989.

第二节　共生理论

“育训部落”概念的提出源于共生（Symbiosis）理论。共生理论的发展至今已经有 100 多年了。最早出现在生物学领域，德国真菌学家奠基人德贝里（H. de Bary）在 1879 年提出：“共生是不同生物在某种程度上的密切联系”，是提出广义共生概念的第一人。1969 年，Scott 提出：“两个或两个以上的生物在生理上的相互依存即为共生”。1982 年，原生动物学家 Dale. S. Wei 指出：“共生是合作者之间形成的稳定、平衡、持久的组合关系”。[①]随着生物共生论的诞生，“共生”一词也渐为世界各国研究者所关注。如美国芝加哥经验社会学派通过共生理论来阐释人文区位，日本学者尾关周二在《共生的理想》一书中，通过民主政治来解读共生。李思强教授从现代社会秩序混乱的背景出发，结合中国古典易学文化和西方文化、哲学的最新进展，提出了“共生构建说”，并指出共生是世界万物的存在方式，是一种新的世界观、方法论和价值观。[②] 2006 年，复旦大学教授胡守钧在《社会共生论》一书中阐释了社会共生论的内涵以及论述了“社会由各个层面的共生系统所组成；和谐共生是在合理的度之内分享资源；社会进步就在于改善人的共生关系”等观点。[③] 从共生由生物学领域到人文学科的拓展，以至于到日常生活的渗透，我们可以发现，共生并不只

---

① Dale. S. Weis. Experimental Microbial Ecology ［M］. London：Blaekwell Scientific Publication. 1982：320.

② 李思强. 共生构建说论纲［M］. 北京：中国社会科学出版社，2004：192-202.

③ 胡守钧. 社会共生论［M］. 上海：复旦大学出版社，2006：1-10.

是描述生物意义上相互依存的自然科学概念，还是关涉人类群体生存和发展的人文社会科学理论体系。如此，共生对当下人类所关注的教育实践便有了新的审视。因此，不难发现共生是一个存在于生物学、经济学、政治学、教育学等不同领域的杂糅性范畴。

作为一种哲学理论体系，首先我们要明确“共生”这一范畴的概念和内涵。南昌大学郑晓江教授认为，“共生”的实质及存在的前提之一是“和”，即不同的要素、方面、作用的相混、对立；二是“合”，即这些不同的要素、方面、作用合为一体、互不分离；三是它们之间的互相渗透。[③]这是一种基于和合理念对共生的当代阐释。李德顺从“和而不同”的视角指出，“共生”之“共”不是指“相同、齐一”，而是指“共处、共存”，“共生”之“生”不是指“发生、出现”，而是指“生存、发展”。这是基于共生的生成性与异质共存性的描述。毛勒堂则认为，“共生”不同于“共同”，“共同”包含着当事者共同具有某些价值、规范和目标，而“共生”则是以异质者为讨论前提的，尽管在价值、规范、目标方面有所差异，但正是这些差异构成了社会的相互“共生”。该论点认为共生是以异质者的共存为前提，强调共生的异质性、和谐性和社会性。[①]总体看来，共生源自人们对自身非完满性的质疑和对他者的肯定和认同。

从一般意义上来说，共生是不同种属的共生单元在一定的共生环境中按照某种特定的共生模式而形成的关系。共生系统通常包括三个要素：共生模式、共生单元、共生环境。

---

① 彭婷. 共生理论视域下教师学习共同体分析［D］. 重庆：西南大学，2016.

一、共生模式

共生模式是指共生单元相互作用的方式或者相互结合的形式，它既反映了共生单元之间的作用方式，也反映了作用的强度。共生模式的种类很多，不同类型的共生模式组成了多样的共生体系。共生模式也会随着共生单元和共生环境的变化而变化。由政府、行业企业、学校、研究院所四方协同共同打造的政教产研部落就是一种共生模式。它构建了促成学习者终身技能生成的平台和载体。四方之间确立共同的目标，形成共同的规范和制度，能够根据区域企业岗位工作群及能力要求，动态调整技术技能人才培养体系。

二、共生单元

共生单元是指构成共生体或者共生关系的基本能量交换单位。共生模式能反映共生单元之间物质、信息和能量的交流和互换。共生单元是指构成共生关系的基本能量个体，它们是组成共生体的基本物质条件。在不同的共生体中，共生单元的性质和特征是不同的。在育训部落中，为了促进教师专业发展，提高教师专业技能水平，构建了教师与企业导师组织的部落，这个部落就是共生单元。

三、共生环境

共生环境是指共生单元以外的所有因素，包含了政治因素、文化因素、经济因素等。共生环境可以通过物质、能量、信息等环境变量来实现对共生模式的作用，从而产生正向、中性和反向的共生环境。不同层次的共生环境对共生模式的影响也是不同的，因此，共生环境也是多重的。对于职业教学而言，学习共同体的共生环境包括社会环境、技术环境、资源环境、文化环境等。正向共生环境包括新型的学校激励机制、共同体平台建设、学习共同体文化、考评体系等，而反向共生环境则包括组织结构的阻碍、考评机制的功利性、考评指标的不健全、共同体制度的缺失等。对于正向共生环境，政府、企业、学校都要做出积极的回应，从而保证系统的稳定发展。①

在共生理论中，共生既强调了合作是共生现象的本质特征之一，又强调存在竞争的双方相互理解和积极的态度。共生过程是共生单元的共同进化过程。共生进化过程中，共生单元具有充分的独立性和自主性。同时，共生进化过程可能产生新的共生形态，形成新的物质结构。共生是以竞争、冲突为前提，基于某些共同的价值、规范和目标向异质者开放的一种结合方式与关系，它体现了创生、发现、保持异质者的生命进程。具体看来，是指以人为中心、以生命为目的、以异质为前提、以关系为方法、以交往与对话为途径的生命进程。因此我们不难发现，在共生关系的三个要素中，共生模式是关键，共生单元是基础，共生环境是重要外部条件。三个要素相互作用，相互影响，共同反映着共生系统动态的变化和规律。②

① 彭婷. 共生理论视域下教师学习共同体分析［D］. 重庆：西南大学，2016.

② 李晓娣，张小燕. 我国区域创新生态系统共生及其进化研究：基于共生度模型、融合速度特征进化动量模型的实证分析［J］. 科学学与科学技术管理，2019，40（4）：48-64.

第三节　学习共同体理论

育训部落的研究与实践基于学习共同体理论。“共同体 ” 一词最早来源于德文“Ge Meinschaft ”，“共同体 ” 一词引入教育领域形成了“学习共同体” 概念，在这一引入的过程中受到心理学的巨大影响，有学者指出，随着维果斯基社会建构主义观点的提出，心理学中对学习的认识也在转变，从皮亚杰时代的学习被看作是学习者个体认知结构的改变，转向了学习是个体作为共同体参与的学习观，而这最终促使了学习观从“个体时代”走向“共同体时代”。1995 年教育家波耶尔首创了学习共同体的概念，他提出了学习共同体必须要拥有共同的愿景，能够相互交流，人人平等，并且在一定的规则纪律条文约束的情境下，教师主动地关心照顾学生，课堂的气氛快乐融洽。在“学习共同体 ” 走进教育视野的过程中杜威起了重要的作用。他率先认识到了人类学习中社会环境的重要性，并提出了学校作为“探究者共同体”的观点，“学校即社会”“教育即生活经历，而学校即社会生活的一种形式”。在 19 世纪中后期，马克思提出了奠定共同体理论基础的“真正的共同体”，随着人类经济社会的发展，共同体的内涵在不断扩大和变化。日本的佐藤学教授在日本的教育中所发现的问题，主要体现在当地的学生缺乏学习主动性，不知道为什么学习和时常产生不想学习的念头，从而提出以“学习共同体” 作为 21 世纪的学校推行改革的愿望，在日本当地掀起了一场比较平静的教育改革。2019 年 1 月国务院印发的《国家职业教育改革实施方案》中进一步明确提出要完善学历教育与培训并重的现代职业教育体系，健全多元化办学格局；落实职业院校实施学历教育与培训并举的法定职责，按照育训结合的要求，面向在校学生和全体社会成员开展职业培训。育训部落的提出，顺应了新时代国家职业教育改革的新思想和新要求。

共同体（Gemeinschaft）基本含义包含四个：①集体，团体；②结盟，联盟，共同体；③结合，联合，交往，共同生活；④共有或公有，基本特征是有机联合和统一。意思是抽象掉了私人所有这一中介的“社会”，是没有异化的、没有阶级的“社会”（Gesellschaft）。在马克思的文献中，对于共同体的诠释主要是用于“原始共同体”和未来的“真正共同体”（等于“自由人联合体”）。共同体，又指政治的集体、政治的公社、国家，用作复数时指“政体”。同时，共同体具有多层含义：

（1）用于在市民社会中与同业公会一样代表行业或地方的共同利益的地方自治体；

（2）指古代的共同体所有制；

（3）村落定居的共同体、农业共同体，指人们共同生活组织的空间和更为具体的集合结构；

（4）指氏族公社。我们知道，“Gemeinwesen”也具有“共同存在物”、共同存在、共同存在性、共同本质、共同性等意思，指人的相互联系、相互依赖和共同活动的本性。总之，“Gemeinschaft”是指人与人的交往无须中介的共同体；而“Gesellschaft”则是指人与人的交往需要借助于中介的社会。这两种人类的集合形态虽然在组织原理上有区别，但都是与人的孤立性、个别性相对而言的，它们所强调的都是人的共同性本质。“Gemeinwesen”主要是对“Gemeinschaft”和“Gesellschaft”这两种人类的集合形态中人的“共同存在性”“共同本质”的概括，指人的相互联系、相互依赖和人们共同的物质生产活动的本性。后来该词又被翻译为英文“ Community”。育训部落中的学员部落是由在校学生、企业员工以及社区居民共同组成，发挥职业教育新职能；政教产研部落是由政府、行业企业、学校、研究院所四方协同共同打造的复合体，构建了终身技能生成的平台和载体；由教师与企业导师组织的部落形成结构双师型教师团队，从而构建了教师与企业导师组织的部落。共同体之间制定一体化目标，形成共享型机制，构建终身技能成长性模式，从而激发终身技能生成的动力，促进终身技能生成资源的建设和终身技能生成路径的构建。

第三章　育训部落的实践逻辑

第一节　育训部落的校本发展

要构建产业工人终身技能生成体系，必须要实现职前、职中、职后和转岗四个不同阶段技能水平的前后衔接和有机融通，要努力培育技能增长的环境和土壤，使技术工人时时都有知识技能增长的空间和平台；同时，让技能水平的提升成为职业发展的重要推动因素。对于职业院校而言，重点是要抓好职前教育，这也是终身技能生成体系的起点和开端，学校的人才培养体系要充分对接岗位，学校技能的习得要有力助推个人终身技能发展，为从“院校学生”到“产业工人”的身份变换提供有效的衔接基础，这也是育训结合实践发展的重要源头。

一、育训部落校本实践的发展阶段

职业院校的育训结合实践主要包括校内和校外两个方面，按照特点大致可以分为萌芽期（2014 年之前）、发展期（2014—2019 年）和成熟期（2019 年之后）三个阶段。萌芽阶段，职业院校与企业逐渐意识到双方合作培养技能人才的重要性，但主要还是以学校向企业输送学生为主，合作程度不够深入。多数职业院校开展“理实一体化”教学改革，希望通过深入的教学改革提升技能人才培养质量。2014 年，随着“订单班”和“现代学徒制”等人才培养模式的发展，育训结合进入新的发展阶段，产教融合校企合作更加务实，越来越多的企业积极参与到技能人才培养全过程中，以希望获得更多优质的人力资源。

同时，院校也加大了对“双师型”教师的培养力度，企业兼职教师与校内专任教师双向互动频繁，为人才培养提供了有力支持；2019 年，国务院发布《国家职业教育改革实施方案》，明确提出要“深化产教融合、校企合作，育训结合，健全多元化办学格局，推动企业深度参与协同育人，扶持鼓励企业和社会力量参与举办各类职业教育”。“育训结合”正式提出，该文件同时还提出启动“学历证书+若干职业技能等级证书”制度试点工作，之后《关于在院校实施“学历证书+若干职业技能等级证书”制度试点方案》和《职业教育提质培优行动计划（2020—2023 年）》等职业教育政策性文件陆续发布，为高素质职业技能人才培养指明了方向。

二、育训部落校本实践的探索与成效

我校紧密围绕《中国制造 2025》等国家战略，立足区域经济发展，紧密对接经济技术开发区智能制造产业发展，切实开展“育训结合”的技能人才培养实践并取得显著成效。

1. 对接产业调整专业布局

长沙经济技术开发区高度聚焦智能制造方向，汇聚了三一重工、铁建重工、山河智能和蓝思科技等一大批实力强劲的生产制造企业。近年来，经开区范围内多所职业院校与园区内多数企业深入合作，深入推进产教融合校企合作。经开区产业结构不断变化和调整，学校的专业建设方向也随之变化，先后撤销了与经开区产业发展匹配度不高的专业 20 余个，智能制造方面先后增加了数字化设计与制造技术专业和 3D 增材制造技术专业；汽车方面增加了汽车智能技术专业和智能网联汽车技术专业。长沙经济技术开发区内工程机械生产制造、新能源汽车生产制造和高端电子信息产品制造是特色优势产业，以机械制造及自动化为核心专业建设了智能制造技术专业群；以机电一体化技术为核心专业建设了智能控制技术专业群；以汽车电子技术为核心专业建设了智能汽车技术专业群。专业群与产业链进一步融合，发展特色凸显，专业服务产业能力持续提升。

2. 优化体系落实课证融通

聚焦经济技术开发区内汽车生产制造、重型工程机械、精密电子信息、生物制药等特色产业群，深入分析用人企业岗位需求，整合专业群课程内容，对接“特殊焊接技术”“汽车运用与维修”“工业机器人装调职业技能等级标准”等1+X职业技能等级证书，构建基于“课证融通”的三层递进式课程体系：一是围绕专业群岗位类别，设计了“专业群基础模块+专业方向模块+专业拓展模块”的模块化专业群课程体系；二是对接智能装备制造产业链岗位群典型工作任务，打造以“岗位基本技能训练、核心专项技能训练、拓展综合技能训练”为一体的专业课程体系，高度体现“理实一体、做学合一”的实践教学理念；三是依托校内实训基地和合作企业资源，构建“校内技能实训+校外岗位实践”校内校外复合型课程体系，通过校企轮训，在很大程度上提升了学生的综合能力，也提升了教师的专业水平。

3. 校企协同共搭育人平台

以专业群为支撑，携手经开区内三一重工、中国铁建重工、山河智能和蓝思科技等国内外企业，按照“共建共享、共育共生”的原则，共同建设了一批有影响力的产教协同综合育人平台，探索与实践了“校企双主体”育人模式。近年来，先后成立了湖南省机器人与智能装备和机械装备制造业等职教集团。

另外，充分利用各自在制造类技术技能型人才培养方面的优势，结合园区制造类企业多样化的人才需求，与园区企业合作开设如“上海大众订单班”“山河智能海外班”“广汽菲亚特学徒班”“艾博特机器人学徒班”“三一重工售后工程师班”“明通项目经理学徒班”等特色班级，技能人才培养质量更加符合企业岗位需求，破解企业基层技能型骨干团队建设瓶颈。

4. 明确需求精准培育“双师”

教师队伍建设直接关系到人才培养质量，对于职业院校而言，“双师”素质教师培养是职业教育建设和发展的重要内容。依托园区地位优势，通过深入开展校企合作，以成立校企合作“订单班”等方式促进师资双向流通，为双师素质队伍培养提供有力支持。专任教师结合专业发展和毕业生就业岗位需求，以专业发展和个人专长为基础，在经济技术开发区内部联系 1 家专业结合紧密、综合实力较好的企业，同时确定好 1 名企业导师。专任教师在企业实践提升技能的同时进一步梳理企业典型工作任务，搜集企业真实工作案例，为教研教改提供基础。鼓励专任教师到生产企业开展交流互动和参与企业技术攻关，转让技术、提供服务产生的收益全部由专任教师支配，通过这些方式，提升教师自身的产教融合能力。

5. 育训并举培养芙蓉工匠

全面贯彻“做学合一、德技并修”理念，在教学过程中注重理论教学和实践教学的有机结合，注重学生对于新知识的学习认知规律和对于新技能的掌握养成特点。按照虚实互补原则，打造专业群四级能力训练中心和技术服务中心。着力建设了一大批适应智能制造转型升级的高质量的校内理实一体化实训基地，如多轴仿真实训、逆向工程实训室、VR 焊接仿真实训室、焊接机器人实训室等。依托校企合作平台，累计建设企业教学基地 30 余家，其中包括基本技能训练基地、工程能力训练基地和创新创业基地。开展百名专业教师与百家企业互动活动，实习岗位数达到 3 000 余个。

第二节　育训部落的国内经验

我国是制造大国，但是很多高精尖产品制造与西方强国相比仍然有比较大的差距。“制造强国”离不开“有理论知识，有实操水平，有职业素养”的高水平的技能人才，职业院校在技能人才培养过程中需要兼顾理论和技能的结合。同时，行业企业也有责任和义务对在职的技术人员进行专业提升培训，一方面是提升理论水平，另一方面是掌握新的技能，为员工的后续晋升和转岗等个人发展做好准备。高素质技能人才的培养途径也一直是国内各职业院校和行业企业重点关注和思考的问题，在不断的实践中也形成了丰富的经验。

一、深化产教融合，校企协同育人

企业是用人主体，企业生产和发展的实际需求也是技能人才培养的重要方向和目标。只有有效开展校企合作，让用人企业真正了解职业技能教育，充分认识到用人企业在技能人才培养过程中的重要性，充分吸引和鼓励企业参与到技能培训中来，才能将二者有机结合起来。校企合作具体包括以下几种模式：

1. 现代学徒制

2014 年，教育部提出现代学徒制模式，“师傅”与“学徒”这种存在于传统企业中的身份名称被引入职业教育中，具备较鲜明的时代特征。现代学徒制试点班由学校和合作企业共同组建，学生选拔方式也由双方共同沟通确定。从入班、培训、实习到就业，企业全程参与。学生的身份有变化，既是学校的学生，又是企业的学徒，同时安排企业师傅进行实训指导。通过学生和徒弟的双重身份，校企合作更加紧密。

2. 共建生产性实训基地

在这种合作模式下，学校根据实训内容建设室内室外教学场地。合作企业主要资助操作设备以及提供技术指导，双方共同完成校企合作的实训教学项目。学生通过培训，能够熟练操作企业最新型的工具和设备进行生产作业，这样，可以缩短入职后的培训时间，实现了学校的课程教学与企业的生产岗位对接与贯通。通过合作，企业得到了学校在厂房、设备和人力资源等方面的支持，生产成本得以降低，同时可以为学校提供学生顶岗实习、教师参与操作实践等机会，学校人才培养质量提升，企业成本降低，互惠互利。这种校企合作模式实现了校企资源的互补和共享，企业利润提升，极大地提升了其继续参与合作的积极性。

3. 共建产业学院

产业学院是职业院校与用人企业协同育人的又一创新平台和机制，国内关于产业学院的研究最早开始于长三角和珠三角区域，由于当地经济发展快，产业结构调整也快，技能人才需求变化也随之快速变化，所以需要一种能快速适应产业变化的校企合作模式，因此，部分研究者借鉴国外经验提出了产业学院模式。产业学院就是通过双方共建实体平台，共同投入师资、设备和资源，成为真正的育人共同体，目的是进一步打破传统校企合作中的藩篱。产业学院一般都是建立在校企双方前期友好合作、充分互信的基础之上，合作企业把握市场用人需求，确定专业对应的就业岗位和主要的工作内容。学校结合自身条件，充分结合合作企业对技能人才的需要特点，校企双方共同建设合适的教学实训场地。一般学校负责场地建设，合作企业投入实训设备，重点负责实训项目教学。合作双方共同研讨并制定专业的人才培养方案、课程标准和考核评价体系，切实参与课程教学、顶岗实习和毕业就业等培养过程，真正实现校内双主体协同育人。

目前，国内很多高职院校已经建立了产业学院，如中山职业技术学院与区域特色企业合作成立的古镇灯饰学院、沙溪服装学院和南区电梯学院等；广西机电职业技术学院与深圳华为公司联合成立人工智能产业学院，与吉利汽车有限公司联合成立汽车产业学院，与柳工集团联合成立智能制造产业学院等；湖南机电职业技术学院与中国汽车技术有限中心、华为等行业领军企业成立中汽智能产业学院和华为产业学院等。

二、政产学研联动，共建职教集团

职教集团又叫职教联盟，一般是由本区域内某个有一定影响力的职业院校牵头，包括政府、行业、企业等单位共同参与的共同组织，是进行产教融合校企合作的平台之一。职教集团模式将院校和产业结合得更加紧密，内部形成发展共同体，技能人才的培养、输送、转岗以及培训再就业等，都可以通过集团内部交流合作实现。集团内部设置理事和理事长单位，各单位有明确的责任分工，集团间可以共享优质资源，共建优质专业，共建共享实习实训基地，共建共享课程和教材，教师下企业实践提升渠道更加畅通。

据统计，目前全国共建立了 1 500 余个各行各业的职业教育集团，充分覆盖了各区域内的职业院校和企事业单位，这些职教集团也深深融入区域经济发展中，在技能人才培养、校企合作攻关、双师队伍建设等方面起到了很好的作用。如由柳州职业技术学院、南宁职业技术学院、上汽通用五菱、东风柳汽、柳州五菱和柳工等单位组建的广西汽车产业职业教育集团，由湖南省机械工业协会、铁建重工、长泰机器人公司、湖南机电职院和湖南工业职院联合成立的湖南机器人与智能装备职教集团等。职教强省江苏结合产业发展需求也建立了很多具有较高影响力的职教集团，如江苏化工职教集团、江苏建筑职教集团、江苏地质职教集团等。

三、对接职业标准，深化课证融通

2019 年 4 月，教育部等四部门印发《关于在院校实施“学历证书+若干职业技能等级证书”制度试点方案》，由社会第三方机构组织实施的职业技能等级证书从此取代了以往由人社部颁发的技能等级证书。据统计，截至目前，国家先后发布了 4 批共计 148 个证书标准（其中第一批共计 6 个，第二批共计 10 个，第三批共计 77 个，第四批共计 55 个），国内参与证书试点的院校（包含中职、高职和本科）达 1 000 余所。

国内参与职业技能等级制度试点的院校越来越多，很多院校都从技能人才培养质量提升的角度和方向对 1+X 制度进行深入研究和探索，以实现技能人才精准高效就业，同时提高对口就业率。目前，课证融通探索和实践也成为国内各职业院校开展教学改革的重要途径。

对接 1+X 职业技能等级标准优化人才培养方案和课程体系是目前国内院校的主要做法。

以广东省中山市的中山职业技术学院为例，该校是第一批 Web 前端开发职业技能等级证书试点的高职院校。针对专业人才培养与实际岗位衔接不通畅的问题，结合 1+X 证书标准中的典型工作任务，按照课证融通原则，对软件技术专业人才培养方案进行了修订，充分考虑了前端开发人才所必须掌握的知识点和技能点，优化和重组了该专业的核心课程，经过实践检验，取得了较好的效果。再如南京工业职业技术学院，该校工业机器人技术专业也结合 1+X 证书标准，对专业人才培养定位进行调整，对原课程体系进行模块化重构，紧密结合职业技能等级标准，优化专业核心课的课程标准，调整考核方案，重点考查操作技能的掌握水平。

四、完善竞赛体系，促进技能提升

技能竞赛既是优秀选手竞技的良好平台，也是所有技术技能人才互相学习和交流的重要窗口。通过技能竞赛可以展示最优秀的技能水平，挑选出最优秀的技能工匠，也可以分享技能提升的经验，促进广大技能人才共同进步，共同提升。对于职业院校而言，“以赛促教、以赛促建、以赛促学”已经成为专业建设和人才培养的重要途径和广泛共识。对于院校体系，通过近十年的实践和积累，各项技能竞赛制度和组织实施办法也越来越成熟，越来越科学和规范，其中竞赛的类型包括职业技能竞赛、创新创业竞赛和各类科技创新竞赛，国内多个省份已经加大了对在技能竞赛中获得优异成绩学生的奖励力度，优秀选手可以优先获得技能等级晋升的资格，部分省份已经实行获得职业院校技能竞赛省赛一等奖直接免试入读本科的优惠政策。对于园区企业技能人才，也建立了一套相应的园区竞赛体系，层级主要包括园区赛、市赛、省赛、国赛和世赛 5 级，为在职员工提供了技能竞技和发展提升的舞台。

第三节　育训部落的国外借鉴

育训部落是基于研究实现园区新产业工人终身技能生成机制而形成的，通过“三通”并举，共同培养园区产业工人的终身技能。该模式是通过学习和借鉴世界上一些职业教育发达国家的人才培养模式而形成的。

一、美国的“合作型”培养模式

美国的职业教育十分重视人才培育的实用性，其教育体制非常灵活，整个体制融美国社区学院、企业、政府和行业协会于一体，达到了多维立体式合作，也可以实现最大限度的共赢。学生至少需要花四分之一的时间在企业中进行实践，企业是学校自主积极寻求的合作伙伴，同时成立校企合作的“合作型”实践教学基地，这种合作型的教育实践基地，面向整个社会吸纳所有可能的力量参加职业教育办学，也帮助学生在实践的过程中实现理论指导实践，同时实践又能进一步加深学生对所学理论知识的理解，巩固和强化了学习效果。学生在企业参加实践的过程中，能感受真实的工作环境，对于工作责任心的培养也有很大的好处，而所有这些体验是单纯的学校教育所不能提供的。此外，职业院校在这一过程中与企业和社会深入接触联系，既可以得到社会和企业的支持，提高对职业院校培训学员的认可，又能帮助学校强化学校的教育功能、优化学校教育的专业结构设置以及丰富和更新教学内容等。另外一个比较著名的是美国的社区学院，美国的社区学院培养学生的目的是服务于社会，所有的学生都要经历两年的职业理论基础教育课程和对应实践课程的学习。企业为学生提供实践机会，既可以提升学生的职业技能和实践本领，又缓解了企业的用人难题；另外有了行业协会参与其中，学生、学校和企业能实现最有效的沟通；政府给学生提供学费资助，使得学生没有经济压力而能够更加轻松地投入学习之中，有了政府的帮助，学生能轻松完成学业，学成之后也能更好更快地服务于企业，为企业创造效益，从而又增加了政府的财政收入，这样就可以顺利实现多方合作下的最大限度的共赢。

二、德国的“双元制”模式

德国“双元制”是世界职业教育领域公认的校企协同育人模式典范，一直以来都是其他国家职业教育借鉴的范本。德国的“双元制”人才培养模式为德国工业发展培养了大量熟练的技术人员。“双元制”指的是学校与企业共同育人，双重主体育人，学员也有着双重身份和双重学习场景。该育人模式以企业为主体，协同学校同时承担育人任务，形成育人的双重主体，学员在学校根据国家规定的框架教学大纲学习专业基础理论知识和基本素养，在企业根据相应的培训条例学习专业核心课程与实践操作技能；同时学员具有企业学徒和学校学生两重身份，通过学习培训，学员在获得学校颁发的毕业证书和相应的职业资格等级证书后可直接到企业工作。学员根据专业人才培养方案和授课计划在企业与学校两个不同的学习场景学习不同的内容，并且在企业学习实践技能时，企业会支付一定的学徒工资津贴。在考核方式上，实施的是教考分离，培训单位只提供培训，进而提高学员考核结果和能力的社会公认度。这种由企业主导并深度参与到人才培养全过程的育人模式，让职业学校能有的放矢地为企业培养专业技术人才，企业能得到与对应工作岗位无缝对接的水平较高的技术工人，学员也能真正学到可安身立命的真本领和真技能，从而实现互惠多赢。此外，德国的职业教育在教师配备上，包含专业的理论课教师与实训课教师，所有教师都享有国家公务员的待遇。

但所有的职业教师必须有一定的企业工作经验，要通过相关的教师资格考试以及每年的知识更新培训考试。

三、英国的“职业资格证书”模式

英国很早就实行了“职业资格证书”制度，早在1995年，英国成立了国家教育与就业部，通过国家政府的力量，建立了完善的职业资格证书体系。该体系首先由国家职业资格委员会组织相关行业专家进行研讨分析，然后国家职业资格委员会再根据分析结果，来确定和建立注重实践技能的国家职业资格证书制度。各高职院校的学生可以根据自身需求选择相应的课程模块内容学习，学习者在学习后可以参与职业资格认证考试，以取得相应的资格等级。由于政府主导和参与的程度很高，对职业资格标准和职业教育行为都能起到很好的规范和协调作用，极大地提高了职业教育与职业标准的匹配度，培养出来的人才更符合企业的需求；此外，在整个培养体系中，职业教育与普通教育是可以直接对接的，即学生在获得一定资格等级证书以后，可以有两种选择，继续获取更高的资格等级证书或者攻读普高获得学历文凭，因此增加了职业教育对学生的吸引力，也提高了职业教育的社会地位，一举两得。在培养目标上，偏重于打造全方位发展的技能人才。在政府的统一指导作用下，学生的基本职业素质和知识能力水平得到全方位的发展，学生也能够胜任各种岗位要求。所以，英国加强了政府的作用与指导，使得职业教育的发展更加顺利且符合社会行业需求，因此被世界很多国家所借鉴，其中包括中国。

四、澳大利亚的“技术与继续”教育模式

该模式也称为高职教育学院模式，介于高中和大学之间，以培养学生实践能力为核心，国家教育服务部门负责整体的课程开发工作，结合各类企业和行业培训结构的课程内容，结合行业标准，结合企业和行业需求，制定职业教育课程的内容与培训计划，这种模式以实践为主要的教学环节，强调理论与实践相结合，并将所有标准融入学生的课程内容当中，使得学生所学的课程就是行业标准技术内容。学生80%的时间是在工作场地实习，只有20%的时间是在学校进行理论基础学习。此外，学院是一个灵活的培训机构，任何人只要有需要都可以进行学习，取得相应的学分后，就能申请相应的职业技能等级证书。在招生生源上，没有任何限制，任何人只要有需求有意愿都可以参加培训，包括本科生、研究生等。因此，在培养框架上，澳大利亚已经将职业教育与普通教育进行了对接融合，使二者的社会结构得到平衡，进而为国家和社会经济的发展提供多样化复合型人才。

五、日本的“企业培训”模式

日本的职业教育也是很受社会认可的，它不仅包括职业学校，还包括所有的培训机构，但最主要的还是各企业内部的自主的有针对性的职业培训。企业会根据自身职业素养和工作要求对学员进行长期性的潜移默化的职业教育。因此，日本的职业教育人才培养模式是非常丰富灵活的，也更具有个性化和针对性。不同行业不同企业可以根据自身特点采用不同的培训方式，如内培、进修等。在培养理念上，注重终身教育。日本的企业非常重视员工对企业的忠诚度，习惯采用终身雇佣制，这就使得其职业教育更符合企业社会发展，突出终身学习的特点。学员在上岗以后，面对新的环境要求，不断学习新的技能要求，也能更好地适应企业的发展，并将自身发展与企业发展联系在一起，增加对企业的荣誉感和忠诚度。企业员工也都有终身职业教育的理念，需不断地学习更新知识技能，多样化的教育培训机构相应出现，比如短期大学、专门学校、技术大学等，它们顺应市场的需求而发展。因此，日本的职业教育在企业和行业中的地位极为重要，能够培养出符合企业行业需求的技能人才。

第四章　育训部落的『政产研教』

职业教育的特点是跨界、多元、融合，在产教、校企、学工、理实等方面都具有跨界属性，因此是一个多元、复杂、层次丰富的有机系统。而育训部落正是在遵循这样一个生态系统的多样性基础上设计的一条实现产教融合的创新路径。育训部落在组织体系建设上以“政产研教”联通为平台，走“政产研教”多元驱动、育训结合多种模式协作的“生态型”发展之路。政府、学校、企业、职业教育研究机构协同创新，建设平台与制度，为终身技能生成打造共享空间。

第一节　育训部落中的“政”

一、什么是育训部落中的“政”

育训部落的目标是实现“政产研教”联通，这其中的“政”，主要是指政府的主导，我们从国家对职业教育发展的相关政策中发现，从2015年国务院发布的《关于大力发展职业教育的决定》到2010年发布的《国家中长期教育改革和发展规划纲要（2010—2020年）》这些文件中，都着重提出了职业教育改革必须坚持“政府主导、社会参与”。2014年，国务院在《关于加快发展现代职业教育的决定》中又提出：对于职业教育的改革与发展，要坚持“政府推动、市场引导”。虽然在用词上从“政府主导”变成了“政府推动”，但是这种说法并不意味着政府主导地位的改变，而是国家在职业教育发展过程中根据其需要做出的特殊选择，“政府推动”是“政府主导”的手段，而“市场引导”并不是“市场主导”，其代表着要利用市场的力量来推动职业教育。

所以说，育训部落的政府主导，就是指政府要在职业教育的具体事务运作中起主导和指向作用，具体来说，有三层含义：一是政府在职业教育改革与发展的过程中位于主要地位，而不是次要地位；二是这种主导地位的实现方式以引导为主，具体包括强制性的引导和非强制性的引导；三是职业教育改革与发展必须要符合政府的相关规定。因此，职业教育受政府主导，并不是说我们的政府要建立一个高于职业教育范畴的行政或权力机构。这个引领和指导作用，也可以理解为主导责任，其不是指强制要求政府扩大规模，增加投入，或者直接为职业教育提供产品或服务，而是强调政府在职业教育发展中扮演好自己的角色。这些角色包括“掌舵者”“服务者”“引导者”“安排者”，进而将职业教育的改革与发展与市场机制、社会参与以及政府自身的变革结合起来。不仅如此，政府的主导作用还要遵循公平与效率的辩证统一，以及个体与社会价值的辩证统一。

二、育训部落为什么需要“政”

在育训部落的“政产研教”联通中，政府为什么需要成为主导者，这就首先要对政府的职能进行分析。

政府职能第一条是政治统治，具体是指政府通过政治工具维护国家的政治统治并保障国家的政治稳定；第二是经济管理，具体表现在“制定宏观经济政策，保持经济总量平衡，抑制通货膨胀，优化经济结构，实现经济持续快速健康发展”；第三是社会管理与服务，具体表现为对各项社会事务，如对科技、教育、文体、卫生等各项事务的管理，以及对社会福利保障相关事务的统筹与管理；第四是监督控制，这是伴随着社会的发展，以及政府管理工作复杂化诞生的，政府需要建立一套有效的监管机制来保证各种社会机制的有效运行以及社会的和谐发展；第五是资源配置，政府的这一职能主要从微观领域来实现，具体是指将社会上有限的资源通过合理的统筹与安排，分配到最需要的位置，从而保证资源的最优分配和高效利用；第六是市场监管，这项职能是在我国社会主义市场经济的运行过程中实施的监控与管理。

由此可见，我国政府在国民经济发展的各个环节都起到了重要作用，具体到职业教育的改革与发展这一细分领域，政府也必须承担起主导和推动职业教育发展的重要职能，这是其他任何部门及社会组织都无法替代的。在职业教育发展到今天，任何认为国家政府可以放弃职业教育主导作用的说法都是不成立的。政府主导我国职业教育的改革与发展，这是政府职能在职教领域的具体体现，无论是从整个社会发展的角度，还是从整个经济发展的角度，政府在育训部落的“政产研教”联通中起主导作用都是必要的。

三、如何实现育训部落的“政”

在育训部落的“政产研教”联通中，政府主导作用的实现，可以结合政府的职能以及职业教育自身发展的特点，从以下几个方面着手。

1. 完善职业教育法律法规体系

建立和完善职教法律法规体系是政府主导和推动职业教育改革与发展必须要走的关键一步。因为职业教育改革与发展的每个步骤、每个环节，以及碰到的每个问题，都需要以法律法规的方式进行约束和规范。职业教育细分领域的法律法规缺失，以及缺少系统的法律体系，会严重影响我国职业教育的发展与改革进程，也是我国政府在职业教育领域起主导作用的过程中必须要解决的重要问题。

2. 组织推进职工终身技能培训制

各级政府根据当地实际情况，努力实施企业职工技能的终身培训制，以此推进我国供给侧改革任务的完成。结合当地经济发展、人才培养以及促进就业方面的规划，有针对性地制定职业技能培训中长期规划，并监督企业实施。而且在这一政策推行的过程中，除了政府领导，还要依靠人力资源与社会保障部门的统筹协调，各部门相互配合，广大企业和社会群体广泛参与，逐步提高企业职工技能培训的力度。

3. 加大财务投入及资金筹集力度

政府部门在推进职业教育改革发展以及职工职业技能培训的过程中，需要结合实际情况加大财务投入，实施技能培训补贴，调整就业补助资金的支出比例，以保证培训补贴能够落到实处。同时，要加强对财务投入资金的监管，保证资金使用的合理合规，避免出现钻法律空子和挪用资金的违法行为。另外，政府还要积极引导，实现多渠道的资金筹集。建立以政府为主，企业、社会团体共同参与的多元投入途径，多方位保障投入经费按时按量到位。鼓励社会团体对职业技能竞赛、职业技能培训进行赞助或捐赠。

第二节 育训部落中的“产”

一、什么是育训部落中的“产”

育训部落“政产研教”联通中的“产”指的是产业布局，具体包括行业、企业，在这个过程中，企业占主体地位。实际上，企业的主体地位在国家的相关政策中已经有所体现。2014 年 6 月，在国务院发布的《关于加快发展现代职业教育的决定》中，明文提出支持并鼓励有条件的企业深入参与到职业教育当中，承担办学主体的作用。这项决定的颁布意义重大，是我国首次从国家层面明确了在职业教育的建设和发展中企业起主体作用。而 2019 年 1 月，国务院颁布《国家职业教育改革实施方案》，该方案中提出“促进产教融合校企双元育人”，鼓励各地企业及职业院校借鉴“双元制”等模式开展不同方式的校企合作。同年 4 月，教育部联合国家发改委印发了《建设产教融合型企业实施办法（试行）》，该办法中也强调要通过校企合作的方式发挥企业高技术人才在职业教育人才培养中的重要作用。从国家颁布的这些政策规定文件中，明显感觉到国家对职业教育发展过程中，企业主体作用和地位的明确支持与肯定，产教融合、企业主体、校企合作，既符合我国产业转型升级的需求，又适应了当今技术复杂化、岗位多样化、生产自动化的变革。

二、育训部落为什么需要"产"

育训部落"政产研教"联通中的"产"，也就是企业主体地位的形成是有其内在机理的，具体原因包括以下几个方面：

1. 满足经济发展的需要

我国经济目前处于转型升级阶段，也就是转变发展方式和增长动力，从高速增长转为高质量增长，通过一系列的产业转型使得各行业之间的生产要素配置变为行业内部企业的生产要素再配置，从而提高整个社会的生产率。在这个过程中，作为第一生产要素的人力资本，是提高企业竞争力的重要因素之一，尤其是随着科技的发展，企业对高技能型人才的需求量明显增加，而当前的人才市场满足不了这个巨大的缺口，也无法实现企业的人才需求与真实人才质量之间的匹配与对接。为此，作为专门培养技能型人才的职业院校，就是为企业提供人力资本的重要来源。因此，企业参与到职业院校当中，通过校企合作的方式培育适应社会发展需要的高技能型人才非常有必要。在这一过程中，企业必须要逐渐确立自己的主体地位，从而实现在职业教育与经济转型过程中的人才需求战略。

2. 履行社会责任的要求

企业在"政产研教"联通过程中处于主体地位，这是企业履行社会责任的一种要求和体现。所谓企业的社会责任，具体指企业在经营过程中，一方面，要获取正当的利润和经济利益，另一方面，还要根据自身的实力对一些社会事务履行相关的责任，从而实现企业的发展和社会的发展相协同。因此，企业以主体地位参与到职业教育发展当中，相当于在履行其社会责任。在国家政策层面，2014 年 6 月，国务院颁布的《关于加快发展现代职业教育的决定》中明确提出了要将企业参与或开展职业教育的情况当作其社会责任评估的一个方面。同时，教育部发布的《现代职业教育体系建设规划（2014—2020 年）》中也提出了对大型国有企业要开展履行支持职业教育的社会责任考核。这两份文件的出台，表明了在国家战略上，要求企业必须将支持职业教育的发展当作一种责任。当然企业通过参与职业教育活动，在履行了社会责任的同时，也可以更好地满足自身对高级技能人才的需求，从而获取更好的经济效益，增强企业的内在发展动力，促进企业的主体作用更好发挥。

3. 职业教育的特殊性要求

职业教育的特殊性，决定了企业必须成为职业教育生态圈中的主体。职业教育的人才培养目标是培养既具有扎实的理论基础，又具备较高的实践技能的复合型人才，学校提供的职业教育虽然能够满足理论培养的需求，但是在实践锻炼这一环节，企业无论是从设备的更新、前沿技术的更新、还是工作场所方面，都为学生提供了提高实践技能的最佳方式。经济发展的新时期，社会需要更多的高素质技能人才，这就要求学生不断要掌握专业技术，还要具备创新能力、协同能力和解决问题的动手实践能力。这些能力的培养，单靠职业院校很难完成，在技能型人才的能力结构转变发展过程中，企业自然而然成了主体。

三、如何实现育训部落的“产”

在育训部落“政产研教”联通的形成过程中，这个“产”如何实现，也就说企业主体的地位如何保证呢，可以从以下几个方面入手：

1. 完善相关的制度保障体系

在市场经济下，企业是经济发展的一个组成单元，具备市场属性和社会属性。市场属性是其最本质的属性，这个属性是通过企业在经营过程中不断获取经济利益来体现的；社会属性是企业的外在属性，主要体现在企业需要承担相应的社会责任。国家鼓励企业参与到职业教育当中，承担企业主体的责任，更多的是让企业承担其社会属性。也就是说在本质上，还是倾向于职业教育本位，而在兼顾保障企业的市场属性方面有所欠缺。从这方面来说，政府层面应该在制度或是法律层面结合职业教育的特点，对劳动力市场的用工等方面进行规范，保证企业的经济利益。不仅以法律的形式明确企业在参与职业教育过程中的主体地位，还要明确企业在这一过程中的责任以及获取的权利，比如企业参与职业教育的资质认证制度、评价方式、退出机制以及政府层面的财政补贴与支持等，从而保障企业的权益，清除企业以主体地位参与职业教育的外部障碍。

2. 建立企业参与职教的差异化政策体系

虽然企业参与职业教育有其内在规律要求，并且国家在政策层面也给予了确认，但是目前真正愿意深入参与到职业教育当中，融入职教生态圈的企业还不多，部分校企合作也存在合作方式错位、运行机制欠合理等问题。究其原因，是企业参与到职业教育当中，根据行业背景、企业现状、企业属性等的不同，这种参与职业教育的内在需求是存在很大差异的。而当下缺少差异化的政策体系来支持企业参与职业教育。因此，需要在考虑企业实际情况以及行业真实背景的情况下，构建差异化的政策体系，保证企业参与的深度、广度和力度。从行业上讲，需要鼓励行业急需领域的企业、重点企业以及服务国家重大战略的新型企业参与，而在企业规模上，针对校企合作中的龙头企业，要保证其发挥示范作用，而对于中小型企业，在参与职业教育过程中要根据其灵活性特点，发挥创新作用。此外，在制度保障上，还要关注企业参与职业教育过程中硬投入和软投入的比例，从政策层面明确企业的投入形式、投入比例以及资产核算等，从而保障企业参与方的利益。

3. 构建行业标准引领对接的技能供需机制

职业教育作为我国教育系统的重要组成部分，是为国家和社会培养技能型人才，推动中国制造和服务向更高水平发展的基础。产业结构的优化能够驱动职业教育的发展，并且促进职教规模的扩大、教育层次的提升和结构的优化。构建行业标准引领对接的技能供需机制是当前校企合作的难点，但也是必须要做的重点。企业以及产业协会可以尝试通过发布行业人才需求白皮书或者行业发展评估、行业发展趋势预测等途径，创建新的组织形态。而职业院校，应该主动对接行业标准，本着服务重点产业、优化布局的思想，补齐人才缺口与短板，形成与行业契合度更高、人才素质更优的培养模式，让高素质技能人才的供给与当地产业发展带来的人才需求相匹配，以政府为主导，以企业为主体，以教育为核心，创建“政产研教”联通的育训部落。

第三节　育训部落中的“研”

一、什么是育训部落中的“研”

育训部落“政产研教”联通中的“研”，指的是研究职业教育发展现状政策的职业教育研究所和企业高新技术研究院等各级各类职业教育研究机构，职业教育研究所作为专门的职业教育研究机构，主要工作职责如下：

1. 为职业院校发展提供决策咨询

职业教育研究所应积极研究国家关于职业教育的发展政策，并跟踪了解国内外职业教育的最新动态，提供有关职业教育信息相关的服务，准确把握院校发展现状，并据此为职业院校的宏观长远发展建言献策。

2. 研究职教改革和科研工作

围绕高职院校人才培养工作，以及专业建设、课程教材建设、基地建设、质量评价、职教体系等改革与建设工作，进行深入而系统的研究，并有针对性地引导教师进行纵向课题和横向课题研究，进一步促进职业院校的内涵发展。

3. 职业院校的社会服务研究

从高职院校的办学宗旨出发，深入参与区域或行业的经济社会发展研究，高职院校的发展如何应对产业转型，如何培养符合行业和企业需求和发展的技能人才，是职业院校发展的关键问题。

二、育训部落为什么需要“研”

成立育训部落的主要意义在于把教育与培训结合起来，将职前教育、职后培训、终身教育结合于一体，构建产业工人终身技能形成体系。在这个过程中离不开“研”，具体原因有如下几方面：

1. 为育训部落提供相关政策研究

2018 年，我国发布的《国务院关于推行终身职业技能培训制度的意见》中明确提出，要构建一个资源充足、布局合理、结构优化、载体多元、方式科学的终身职业技能培训体系。2019 年国务院办公厅又发布《关于印发职业技能提升行动方案（2019—2021 年）的通知》，提出要大力开展企业职工技能提升和转岗转业培训，推动职业院校扩大培训规模，并加强职业技能培训基础能力建设。2021 年，我国又发布《国务院关于印发全民科学素质行动规划纲要（2021—2035 年）的通知》，在针对产业工人科学素质提升行动中，重点提出要实施职业技能提升行动，重点提出在所有的培训教育中，包括职前教育和职业培训，都要强调科学素质、安全生产等内容，构建一个所有职业教育、就业培训和技能提升相统一的产业工人终身技能形成体系。结合国家的政策方针和产业员工技能发展现状，提出育训部落基本概念，并聚焦职前教育、职后培训、终身教育于一体。构建产业工人终身技能形成体系，是顺应国家政策，提升产业工人技能水平的重要途径与举措。

2. 为育训部落提供指导与建议

在“中国制造 2025 战略”提出以后，中国产业结构持续向中高端型产业迈进，符合转型升级方向，知识密集型且具有高附加值的装备制造业和高新技术产业快速增长，产业从劳动密集型向技术密集型转变，这就使得能熟练使用高新技术的技能型人才急剧短缺，但是，现有的工人技术水平无法在短期之内提高，导致中国现行经济持续发展的后劲不足，技能短缺问题也更加突出。随着产业升级的不断加快，职业教育需要进一步改革创新，要突破现行的职业教育模式，建立一个充分融合政府、产业、研究院、学校、培训机构等多个办学主体的职业教育办学形式，如职业培训、现代学徒制以企业为办学主体，以企业和行业需求为导向，通过校企深度合作，企业与学校双主体共同承担育人功能。因此，育训部落提出“政产研教”联通机制，就是要为工人的终身发展提供途径、通道和平台，完善相关技能培训制度和政策，建立终身技能生成体系。

3. 为职业院校内涵发展提供指导

研究学习和借鉴发达国家比较成功的职业教育模式，为职业院校内涵式发展建言献策。就职业院校来说，要从以下几个方面来进行重点考虑：一是专业设置上要能符合产业调整的需求，每年至少要做一次社会人才需求调研和毕业生就业情况调查，根据地方产业发展不断调整专业设置。二是在人才培养目标上要突出岗位适用性，借鉴国外职业教育在培养目标上的成功经验，把人才培养的重点放在提升学生实践操作技能上，提高毕业生的岗位适应能力。三是课程内容要紧跟行业和企业人才技能需求，制订符合社会岗位需求的教学计划和教学内容。四是建立健全职业院校的职业资格认证制度。参考国外完备的职业资格制度，联合社会、行业、企业和各培训机构，建立统一的资格等级标准和制度，积极为学生进行资格证书的培训与认证工作。五是进一步加强职业院校与企业的深度合作，培养实用型人才。要把职业院校教育教学过程与企业生产经营过程结合起来，坚持产教融合，提高学生的就业竞争力和职业创新力，推动职业教育与经济社会同步发展。

三、如何实现育训部落的“研”

在育训部落的“政产研教”联通中，研究院主要作用的是实现，即要给育训部落提供相关的政策理论研究支持，需要从以下两个方面入手：

1. 加强职业教育研究所自身能力建设

提高职业教育研究所的研究水平，首先，对研究所机构设置进行优化，保证研究所需要的人员配置，引进各种职业教育研究专家和企业技术专家，准确把握职业教育的发展方向；其次，加强对国外先进职业教育模式的研究，学习借鉴国外的先进经验，综合我国基本国情和社会行业现状，针对我国职业教育发展过程中存在的问题和发展瓶颈，提出相应的办法和措施；最后，加强职业研究所成员职业能力培训，及时关注和更新国家职业教育方针政策和信息资源，深入研究我国职业教育发展现状，为职业教育发展提供强有力的理论研究基础。

2. 强化职业教育研究所的职业地位

首先，所有职业院校都应设置职业教育研究部门机构，完善人员结构设置，为高职院校的发展方向掌舵护航；其次，每个地区应有专门的职业教育研究所管理统领机构，并能参与地方的职业教育发展规划标准的制定工作，真正做到为职业教育发展建言献策；最后，国家层面给予职业研究所政策和专项资金支持，保证职业研究所各项研究调查项目顺利进行，促进职业教育的健康生态发展。在育训部落中“政产研教”联通机制，四个方面缺一不可，只有四个方面协同发展，为育训部落的快速健康成长保驾护航，构建健全有力的产业工人终身成长体系。

第四节 育训部落中的“教”

随着我国现代化的快速发展，市场对高水平、特色化专业人才的需求也不断升级。《国家职业教育改革实施方案》中提出，高职教育活动必须把握育训结合的教学理念，如此才能实现职业教育的现代化发展。育训部落虽有多个主体，但具有明显的职教属性，“教”是落实育训并举的核心。育训部落的“教”不单是学校的责任，而是“政”“产”“研”“校”多个主体深度合作的最终呈现。在育训部落的“政产研教”联通中，可以结合职业教育自身发展的特点，从以下几个方面落实现代化技术技能人才的培养。

一、对接生产，构建满足生产需求的人才培养模式

人才培养模式是指导知识教育向能力教育转化的重要参考，它直接影响教育教学及学生职业技术能力培养的质量。在目前高职院校的人才培养模式中，对于社会人才需求的分析多采用企业调研的方式，在论证和实施过程中企业参与度较低，企业对人才培养质量的评估缺乏有效的反馈机制。因此，根据现代职业教育发展及改革相关政策意见，着眼于产业的发展态势及人才需求的前景，以校企深度融合为切入点，我们创建了“校企协同，学岗互通，育训结合，能力递进”校企合作育人模式。

“校企协同，学岗互通”是指根据专业岗位的工作内容和能力要

求，以课程为学习载体，归纳、提炼岗位职业能力，确定学习内容，通过内容整理形成核心专业课程，实现学习内容和岗位内容的对接，实现人才培养与企业需求的无缝对接。为精准对接产业需求，根据成果导向教育教学理念重构课程体系，坚持“通识课程与专业课程相融合”“专业课程与产业需求相融合”“活动课程和正式课程相融合”“课程内容设计与职业技能相融合”“课程思政与专业群课程相融合”的“五个融合”的基本原则。为了使学生掌握必备的专业知识和技能，了解前沿技术及发展趋势，掌握分析解决实际问题的能力，在充分调研和论证的基础上，融入产业能力需求要素，根据反向设计原则设计课程内容，以职业岗位能力需求为根本，加强专业群的课程内容整合，引入新技术、新工艺，将企业前沿技术充分融入课堂教学内容中。

“育训结合，能力递进”是指在校内外实训基地真实或仿真的工作环境中，根据岗位职业要求与人才培养目标，按照工作过程和职业规范，教育教学规律和岗位技能培训要点的深入推进，以及教育与培训的有机结合，培养学生的专业知识和扎实技能。在育训结合过程中，遵循职业人才成长规律，通过职业基本能力、职业核心能力和职业拓展能力的迭代递进，以及系统化的人才培养模式实施，使学生在社会能力、职业能力等方面得到全面提升，成为一名具有工匠精神的优秀劳动者。同时，为贯彻产教融合、校企合作、工学结合人才培养观，“引企入校、院企融合”，创新提出了“公司+学院+中心”的三位一体生产性实训基地建设模式，建设中坚持“人才共育、过程共管、责任共担、成果共享”“四共”原则，充分调动各方资源，引进“先进设备进教室、企业文化进课堂、前沿技术进课本”，实现基地“产、学、鉴、研、培”的综合功能，完善“教学+生产”的实践教学体系，极大促进了专业人才培养质量的提升。

二、共享资源，产教研共建支撑自主学习开放式平台

高校教育教学资源共建共享，指的是由多所高校或高职院校与行业企事业单位、社会研究机构等主体共研、共享、共用、共推教学资源的动态过程。在这个过程中，充分发挥各参与主体的优势，实现优势互补和教育教学资源优化配置，达成教育教学资源建设效益最大化。基于此，我们立足于产学研合作视角，通过共建数字化课程资源、共研虚拟仿真实训平台、共用一体式云学习平台，实现教学资源与行业企业职业岗位所要求的知识、能力、素质紧密结合，最大限度地满足不同层次、地域学习者的个性化需求。

1. 共建数字化课程资源

数字技术为教育领域带来了多元化的新业态。知识可视化、数字化及互动化的变化趋势，也对教育教学提出了新的挑战。课程数字化是应对互联网挑战、实现开放式远程教育的前提。在“政产研教”联通的育训部落中，数字化课程资源并不仅仅是将现有课程资料进行信息化转换，而是兼顾学术和市场的需求，利用互联网信息技术的特点，满足课程在知识传递上的理论性和结构性，对传统教学形式进行改革创新。另外，人才需求随着技术的发展和产业的转型升级快速变化，这就决定了课程资源有一定的时效性。为保障课程资源能够紧跟技术前沿，紧跟社会人才需求，我们从建设、验收、运行、学习成果认证等方面建立完整的规章制度，组建以学生为中心的课程教学支持服务

团队，借助新信息技术的力量，关注学生的学习特征和效果，以教学的闭环反馈激励机制促进课程资源的及时更新。

2. 共研虚拟化实训平台

虚拟实训操作平台主要是利用虚拟技术为学生构建与实践岗位相结合的平台，是解决实训成本过高、师生配比不平衡、实习岗位不足等切实教学问题的有效工具。同时，虚拟仿真的体验式和互动性，能够最大限度地激发学生的自主实验兴趣，对复杂性、危险性、周期长的项目教学有着更为安全直观的效果，还可实现终端的移动共享。但虚拟仿真实验教学项目既不能是研发企业的任意捆绑，也不能是教师教学的私人定制。虚拟仿真实验教学项目必须以真实的工作任务、实际的岗位需求为导向，融入授课、实训、考核等相关教学元素，利用现代信息技术拓展实验教学内容广度和深度，实现技能训练和人才培养的目的。随着智能技术的日臻成熟，虚拟仿真技术在教学中的应用及效能逐步体现，学校和企业也应该在虚拟仿真平台合作研发上投入更多的关注。

3. 共用一体式云学习平台

随着互联网技术的发展，在线教育成为现代教育改革发展的新形式。通过在线云学习平台，可监控学习进度和效果，使学习效果数据化、可视化，也使得学习更加方便与高效。在育训部落中，校企共用云学习平台是学生与企业技能学习的无缝对接，衔接学生学习和职业培训，实现一线企业技能课程与高校学生及教师互通的有效途径。依托丰富的云资源和课程库，针对高校教学、企业培训、专业培训机构等教学场景，校企共研共用集“教、学、练、训、评”多位一体的在线学习平台，教师可以进行线上教学和管理，学员可以进行线上自主学习和创新实践训练，企业可以进行员工培训和课程分享，专业机构培训也可以进行线上教学，帮助提升课程质量和学员实践应用能力。

三、共培师资，建立可持续发展的教师培养体系

随着时代的变化，尤其是大学扩招后，大学教师由先前稳定的专业学者队伍逐渐演化成一个由更多的新型教师和辅助性人员组成的系统。大学教师必须解决自己专业的内在需求与外部社会需求之间的紧张状态。同时，随着技术的发展，许多学科都出现了分化，并且也出现了向交叉学科的学问和研究反向发展的趋势。因此，短期的师资培训已不能满足社会的发展和职业的需要，基于终身教育理念开展师资培训得到了前所未有的重视。在终身教育理念的指导下，坚持开放性原则，以社会需求为导向，将专业能力与教学能力有机结合起来，构建可持续发展的培养体系，是实现岗位价值和个人价值相统一的有效途径。

可持续发展的教师培养体系，不仅要关注教师个体的成长，还要注重结构化教师团队的建设。为提升教师“双师”专业素质能力，首先要做到紧抓理论教学质量，通过教学资料检查、课堂督导、听评课等制度紧盯课前、课中、课后的每个环节，注重理论教学水平的提高；同时要注重实践能力的提高，一方面充分利用校内软硬件资源，通过老带新的方式在实训基地开展校本培训，另一方面借鉴现代学徒制模式，选用企业优秀技师和技术能手担任导师，采用企业师傅带徒弟的方式，充分发挥“帮、扶、带”的作用，以实现培养过程的高效转换。另外以教师发展中心平台为支撑，实现师资培育情况“伴随式收

集”，以结果导向激励培养计划的全方位落实。

在教师团队建设中，参考企业人力资源管理模式，建立两个职能部分：一个是师资建设管理中心，由院校系部专业带头人和企业高级管理人员主导，骨干教师、企业技术能手、青年教师为主要团队成员，主要负责教师资源规划、流程和方案的制定，构建教师在院校与企业之间转岗的横向职业发展双向通道，以及教师绩效制度设计与测评、培训需求调查及培训方案设计等相关专业工作，完善师资团队培养体系，为教师个人综合素质能力的发展提升提供系统、有效的纵向技术支持。另一个是成立“校企双编教师”团队业务小组，业务小组成员需要驻扎在企业中，调查并参与教育教学相关工作，负责协调“双师型”教师在院校与企业之间的职位互换关系，关注企业与院校之间在“产”和“教”之间的矛盾与管理维护，寻找企业生产和学校教学中所遇到问题的平衡点，为教师在职业的横向发展路径中提供有效补充建议。

四、成果互认，构建校企学习成果认证及评价机制

育训部落提出的初衷在于推动校企全面深度合作，通过教育元素与职业元素间的转换和连接为校企形成命运共同体赋能。因此，训育部落的教包括教育和培训的转换。学历教育主要是在职业院校中通过专业、课程、教师、教室（实训室）等开展人才培养的教育场域元素实施；职业培训主要是在产业行业中通过企业、岗位、师傅、工作环境等从事某项工作的职业场域元素实施。为了突破“学场”和“职场”跨界的难题，育训部落提出按照“教育场域以课程为核心、职业

场域以岗位为核心”分别进行教育与培训的内容和过程的转换与重构，使两者转换后在学习方式、知识内容、能力结构和综合难度四个方面基本保持一致，从而达到课程学分与岗位证书能够互换、院校学生与企业员工角色共通的目的。

构建有效的学习成果认证及评价机制，是推进育训并举培养模式的关键。从目前探索经验来看，构建1+X职业技能等级证书学分转换制度不失为一条有效的新路径。1+X证书学分转换所涉主体庞杂，需统筹规划，鼓励各个主体积极参与，协调统一建立认证与转换标准体系。前端，需要从职业教育、企业用人制度等方面进行系统全面的制度部署，积极协调1+X证书涉及的多方利益主体；中端，要构建证书信息管理服务体系、学习成果认证委员会，建立适合技术技能人才发展的文化生产环境和组织体系，加强认证与转换标准体系建设；终端，构建1+X证书认证与转换运行的保障体系。同时，以我国1+X证书制度价值为导向，理顺两类成果认证与转换所涉及的内部和外部主体关系，依托学分银行，全面、系统、科学地设计两类证书成果认证与转换的本土化模式和路径，促进学习成果认证从“借鉴”走向“理解”，为其他类型学习成果认证和转换提供参照框架。

第五章　育训部落的『技中高本』

育训并举，齐头并进迎“技中高本”。教育和实训在现代社会是相辅相成的关系，无论是技术职业学校、中等职业学校、高等职业学校，还是本科，对于教育和实训的关系都是一样。只有教育没有实训，就变成有文化没实操的人，难道这样的人会被重用吗？无论是在什么学校，教育和实操的关系都会存在，只不过学校会选择更偏重于某一方面，比如技术职业学校会偏重于实操课、实训课。本科则更多地培养学生的文化素养。但最终育训还是得并举，齐头并进才是最好的人才培养方式。

为什么讲到齐头并进“迎”技中高本呢？因为现代社会的教育存在某些不足，有很多学生因初中考不上高中，高中考不上大学而就此放弃学业，然后选择外出打工，导致社会人才被埋没。如果因为文化课不好而不给学生学习的机会，不给学生去挖掘自己能力的平台，这难道不是一种人才的埋没吗？育训部落中的“技中高本”也就是为了更好地让每个学生都有平台去挖掘去发现自己的长处，改正自己的缺点。“技中高本”学校齐头并进，保证每个学生都有好的平台。“技”历史时间进程如图 5-1 所示。

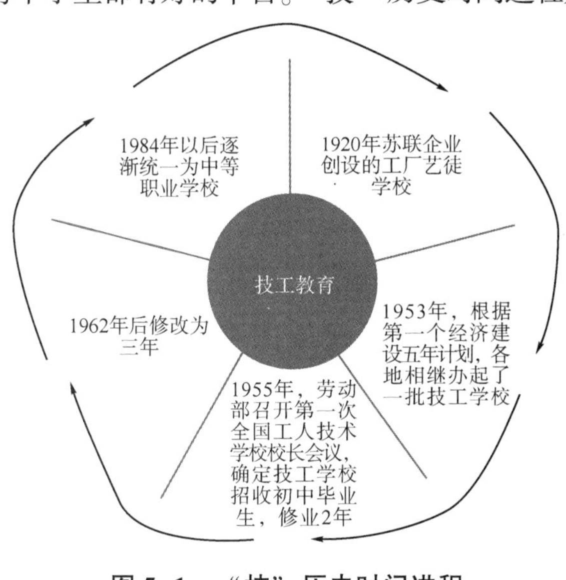

图 5-1　“技”历史时间进程

第一节　育训部落中的“技”

一、育训部落中“技”的概述

对育训部落中“技”的总结，已形成了完善的体系，已经有了多方面实现校企合作的职业教育模式。比如德国的“双元制”模式、美国的“合作教育”模式，英国的“工学结合”模式，等等，都是校企合作教育，并取得了一定的效果和成功。所以育训部落对校企合作十分注重。

从了解到的资料来看，我国现行的课程模式里依然存在文化基础课，这导致学生缺乏快速满足岗位需求的能力。而育训部落中的“技”跟国外一样，更注重校企合作方面，要让学生快速满足岗位要求，得到更好的职业机会。

校企合作主要指的是学校与企业通过合作的形式，对学生进行教学，企业在此过程中需要提供实践基地和实践材料等给高校，帮助高校进一步提高学生的应用能力[①]。

二、育训部落中“技”的基本方针和路径

育训部落中的“技”与企业坚持合作下去，第一，能够保证学生

① 陈思静. 基于校企合作的工商管理专业学生应用能力培养模式探索［J］. 学园，2018（34）：164-165.

对于新器材、新工艺、新技术的学习；第二，能够为学校提供实物器材，有利于学生进行实践，也能够使学生更好地熟悉器材；第三，能够让学生得到社会实践的机会，能够提前步入企业工作。此外，企业注入股份到学校，免费为学校提供设备、场地、技术、师资等。参与学校工作成为企业的分内之事，企业对学校的参与也是全方面的，能够起到相互促进、相互补充的作用，能够对对方都产生好的效益，最后共同分享效益。动手能力与实践能力都非常强是高技能人才的特征。通过对高技能人才特征进行分析，制定可以全面培养高技能人才的培养模式。[①]

三、育训部落中“技”的发展

育训部落对于校企合作的发展持赞同的态度，这样的校企合作开展能够一定程度上提高就业率，为企业输送毕业生，实现共赢，如今育训部落也是按这样的方案发展的。

四、育训部落中“技”的“工学结合”

育训部落中的“技”是知识和劳动的相互结合，这种结合的方式能够更好地促进学习，实际包括两方面内容：一方面，它是教育与生产劳动相结合的本质特征，强调的是结合的全过程；另一方面，它是教育与生产劳动相结合的形式特征，既是企业或行业与学校之间的合

① 蒙小燕. 技工学校职业教育高技能人才培养模式分析［J］. 科学中国人，2017（20）：220.

作，也更加体现育训部落的理念，可见这种模式对于人才培养存在很大优势。以培养适合企业需要的人才为目的的教育模式，才是主要的教育模式，育训部落中的“技”便是这种教育模式。

育训部落中的“工学结合”是学校与企业的相互补充，它们的结合会实现教学资源上的互补。从教育规律上就不难看出，人才的培养少不了社会实践的进行，技工学校想要培养的是具有实践能力和创新精神的人才，但是却又缺少一定的资源，而企业正好能为学校提供帮助，能够使学校对接企业知识，这种合作补充了技工学校资源不足的问题，对人才的培养也是一个飞跃性的突破。技工学校只要坚持教育与生产相结合，引导学生参加社会实践，就一定能培养出德智美体劳具备的人才。①

五、育训部落中“技”贯穿“工学结合”

本书以职业能力的培养为根本出发点，对于“工学结合”的模式进行了深度的分析，内容涉及多个方面，旨在让学生能够得到更好的培养，贯穿育训部落理念，培养人才贡献社会。

六、育训部落中“技”的专业建设

专业建设是每个学校的重中之重，要想把学校办好，课程的开设

① 吴佑林，张金梅，胡昭华. 技工院校“校企合作冠名班”的专业共建现状分析调研报告［J］. 考试周刊，2017（93）：7-8.

很重要。技工学校是劳动部门创办的学校，不是行业办学，与企业、行业没有天然的关系，但是经过调查发现，对于一系列新技术、新工艺、新设备等，只有企业能够提供给学校，得到了企业的帮助学生才能获得比较真实的体验和操作。基于此设计出来的专业课程才能满足用人单位的需求，学生才能更好地就业。

第二节　育训部落中的“中”

一、育训部落中“中”的概述

育训部落中的“中”是在职业教育课程标准的讨论上形成的，根据现有的文献资料等来看，大家普遍认为中等职业教育课程很重要。改革开放以前，由于受到其他国家的打压，加上我国实行闭关锁国政策，导致我们的教育思想和教育体系被全盘否定，然后将苏联的职业教育体系借鉴过来，但由于种种原因，最后放弃了对外借鉴的道路。

育训部落中“中”的课程环境由封闭转向开放，改革开放之后一切都得到了改变，中等职业教育一直处于一个开放的状态，符合课程的复杂性，学生能够学习到更多更广的知识。

育训部落中“中”的课程的指定由一元转向多元，在很长一段时间内，中等职业教育一直处于一个简单的线性发展趋势，职业教育课程的设置，教科书的编写都是单一化的。

育训部落中“中”的课程目标由单一转向多维，中等职业教育在改革开放之前忽略了最重要的一点，忽视了学生需要的是什么，实际上每个学生都因在不同的环境里成长，有不同的性格，不同的经历，不同的心理特点，构成了一个个不可忽略的个体自身因素。学生是现代社会的一种体现，如果选择忽略学生，只用学习的某个标准来判断学生，这显然是不可取的。

育训部落中“中”的课程由简单转向复杂化，在很长一段时间内，我国只能借鉴外国[①]的课程进行学习，这样的课程是简单的，难有突破的。所以进行了改变，引入各个国家知识好的方面，既让学生得到了更全面的学习，也打破了“单一化”的学习局面，之后我国中等职业教育有了进步。

二、育训部落中“中”的理念

教育现代化已经离不开中等职业教育，育训部落中“中”的教学模式和当今社会的教育相辅相成，已经成了教育很重要的不可分割的一部分。教育要处于一个公平的位置，不能只存在于好的大学中，而让学习不好的学生没地方可去，要给每个学生一次学习知识的机会，职业的学习也可为以后更好的生活奠定基础。职业教育是人人都有成才机会的重要渠道，所以要重视职业教育学校。中等职业学校和普通高中是不同的概念，学习的知识范围不同，一个偏向就业知识，一个偏向文化知识。不同的学校做不同意义的事情。而育训部落主要围绕当今社会的主流模式进行教育，既满足社会要求，又满足学生要求等，能为学生提供更好的教育。[②] 大力发展中等职业教育的原因如图 5-2 所示。

---

① 万朝丽，王杏蕊. 中等职业学校创新创业教育实践：评述与建议［J］. 当代职业教育，2020（06）：34-35.

② 杨磊，朱德全. 我国现代职业教育体系建设：新业态、新问题、新路向［J］. 云南师范大学学报（哲学社会科学版），2020，52（06）：142-144..

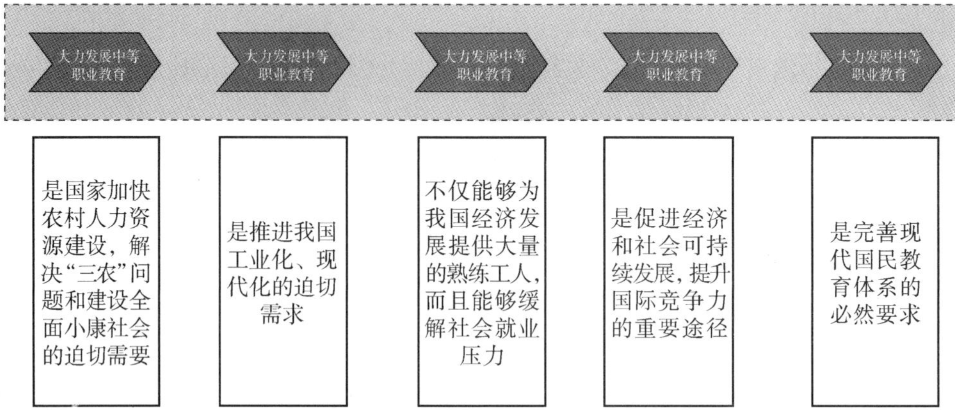

图 5-2　大力发展中等职业教育的原因

三、育训部落中“中”的发展阻碍

任何事物的发展都不是一帆风顺的。育训部落的中等职业教育也一样，对于育训部落中中等职业教育发展困境的研究，有的比较浅显，未能形成对问题的深刻认识，难以有效解决育训部落中中等职业教育的发展困境，鉴于此要对困境进行新的研究。

育训部落中中等职业主要的问题表现为：①中等职业学校的大多数学生都是因为没有办法才会选择就读此类学校。②中等职业学校的学生学习态度不端正。③中等职业学校的校园资源不足、师资力量不够等一系列问题导致中等职业学校难以得到好的发展。所以最重要的一方面就是要改变社会对中等职业学校的看法①。阻碍原因分析如图 5-3所示。

① 李建，吕大章，万长胜. 中职分段分层多元化人才培养模式改革与实践［J］. 教育科学论坛，2021（15）：30-33.

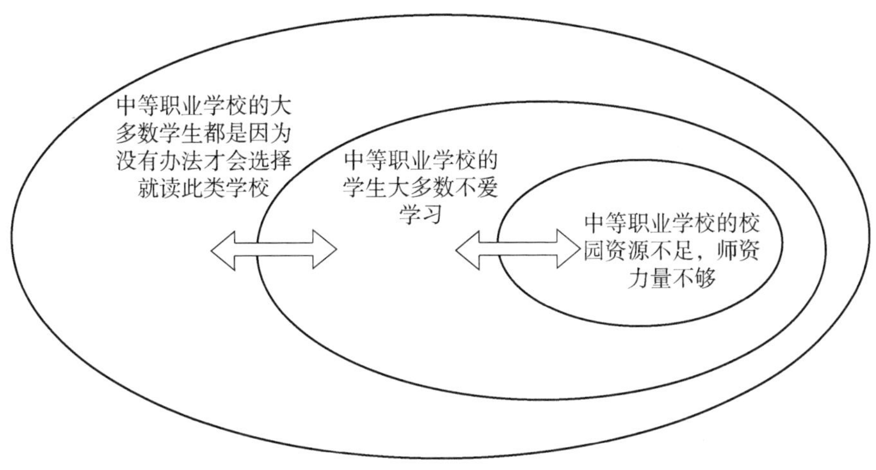

图 5-3　阻碍原因分析

四、育训部落中“中”的单一化危害

下面对育训部落中“中”的单一化进行分析：

基于管理层面，研究得知，我国中等职业学校单一化发展指的是开展一些研究视角的学科，涉及的根本是管理。

单一化弊端主要体现在管理层面：①管理主体：利益相关者的问题。容易单一视角看待中等职业学校的发展、产业的发展和不同学生的发展。缺乏管理的相互制衡和相互促进。②管理方式：缺乏协调的控制。导致学习场所与知识赖以存在的具体情境没有任何联系，学生与教师之间存在分歧。③资源配置及其利用：同一优先发展对象的重复计划。在极其多的学生中采取“优中选优、持续支撑”等原则，从好至差分配资源，听从优先发展原则。④组织目标：极不平衡下的整齐划一。在不平衡的发展下成长，会导致学生难以从“质”上有所突破。

五、育训部落中“中”的多元化

经过对育训部落中“中”的问题进行一系列的分析，从专业的角度来看，其中高层次人才的成长道路和技术技能人才能力的提升得到了升华，能够使人才有更好的平台，更好的资源去发展，多元化的好处显而易见。单一化与多元化的对比如图 5-4 所示。

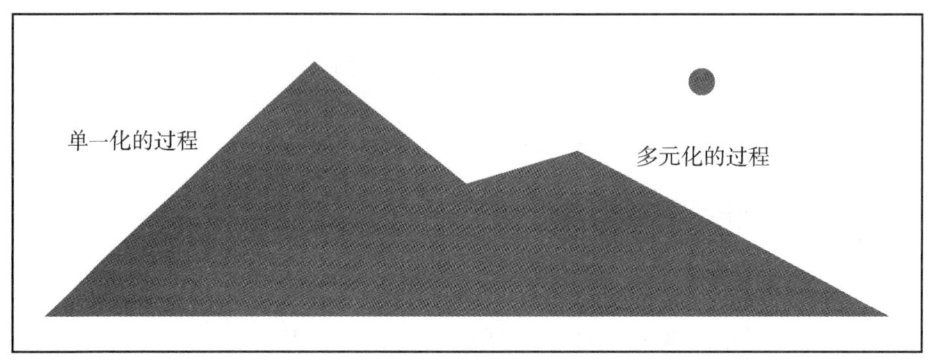

图 5-4　单一化与多元化对比

六、育训部落中“中”的课程价值

育训部落的课程定制都有本身的价值，育训部落的课程政策制定从根本上来说，主要不是表达课程是什么，而是追求课程的价值。就某种情况来说，价值不仅仅是体现个体的满足，而是个体的追求。

在国内有很多关于课程的研究每个人对课程的价值都存在不同的看法，有的认为改革开放之前才是真正体现课程价值，而有学者保持不同的看法，认为 2000 年之前才是。价值取向因素如图 5-5 所示。

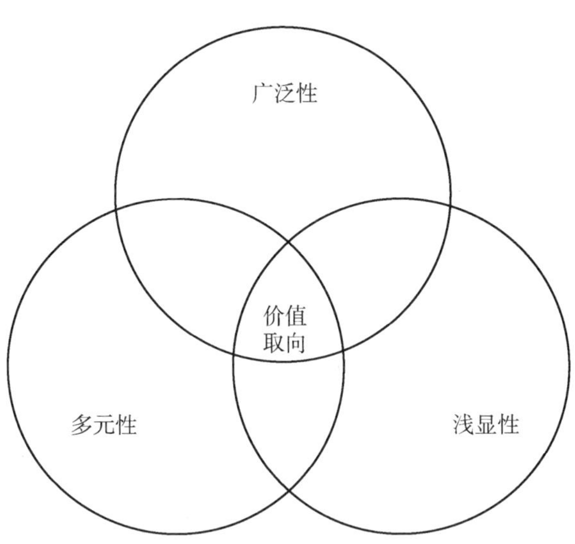

图 5-5　价值取向因素

第三节　育训部落中的“高”

一、育训部落中“高”的概述

观察高等职业教育的发展，从某种程度来说，首先要观察其数量规模。从一些教授处了解到，高等职业教育是属于社会需求量很大的教育，是经济社会发展的需求，这在某种程度上也证明了高等职业教育的重要性。

高等职业教育经历了以下四个阶段：

第一阶段：在 1991 年之前，高等职业教育处于起步阶段，刚刚兴起，数量规模小。

第二阶段：1992—1999 年，高等职业教育质量提升，慢慢地高等职业教育的需求变大，人数也有了提升，完成了一次飞跃性的发展。

第三阶段：2000—2006 年，高等职业教育飞速发展，规模也进一步飞跃性提升，增长幅度达到 180%。

第四阶段：2007 年以后，高等职业教育逐步稳定，增长幅度达 23%。总体特点就是规模大，基本稳定。高等职业教育进程如图 5-6 所示。

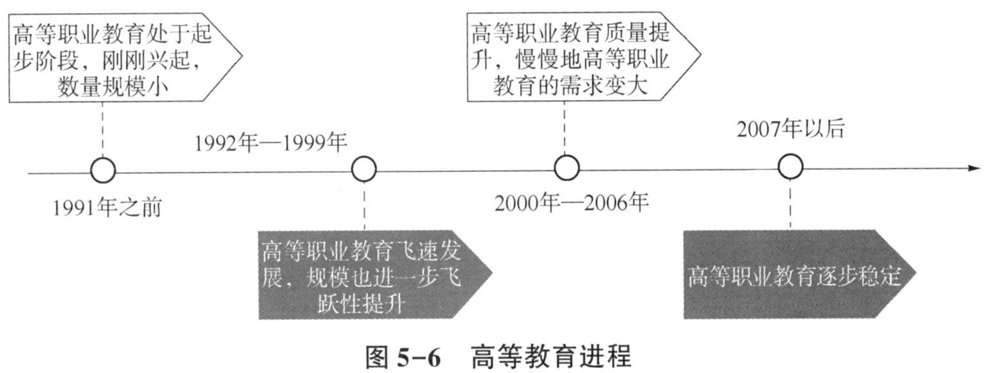

图 5-6　高等教育进程

二、育训部落中“高”的基本方针和路径

一直以来，高等职业教育都饱受关注，高等职业教育的质量保障问题成了痛点。高等职业教育兴起的同时也产生了许多问题，首先是达不到想要的教学效果，其次达不到想要的质量。迫在眉睫的问题是要构建一系列完整的适合育训部落高等职业教育发展的策略和路径。

对于此分析了以下几点：①育训部落应当教育和实训相结合，实践与文化相结合；②育训部落应时刻围绕着社会人才需求、当代学生思想与时俱进；③育训部落的路程应不断创新，为达到想要的教学效果而前进。①

三 、育训部落中“高”的扩招

高职扩招不同于一般意义上的高校扩招，高职扩招是国家缓解社

① 李晓晨. 高职院校专业教学与思政元素相融合的探索［J］. 科技资讯，2020（23）：116-117.

会就业压力，解决技术人才短缺问题，加快推进高职教育改革发展等的一种政策，其内涵和价值具有质的规定性。当前，百万扩招的步伐还在继续……[①]高职扩招的意义如表5-1所示。

表5-1 高职扩招的意义

高职扩招的意义	
高职扩招的意义	1. 扩大高等职业教育规模是推进我国人力资源强国建设的需要，同时也是推动我国产业升级经济转型的需要
	2. 高职扩招还能充分发挥高等职业教育与区域经济紧密结合的特性，更大规模培养培训高素质技术技能人才，提升城乡新增劳动力接受高等教育的比重，较好解决人才培养和经济社会发展的结构性矛盾
	3. 扩大高等职业教育招生规模，能进一步优化教育结构，推动教育领域综合改革和教育现代化的实现
	4. 高等职业院校的生源以农村青年为主，更多农村青年接受高等职业教育，实现高质量就业，在改变个人命运的同时，也能惠及整个家庭

四、育训部落中“高”的变革

因为高校学科专业建设要服从和服务于经济社会发展，要把社会需求作为高校学科专业设置和优化调整的第一准则，想国家之所想、急国家之所急、备国家之所需，所以高等职业教育需要变革。[②]

1. 扩招坚持服务现代化经济体系建设，明确高职变革方向

因为只有现代化经济体系的完善，功能的完善，产业体系的完善，

① 严彦蕾，吴一鸣. 扩招后高职院校人才培养质量评价的挑战与应对［J］. 教育与职业，2021（01）：37-43.

② 王英春. 高等职业教育与区域经济协同发展研究［J］. 辽宁高职学报，2021，23（07）：6-8.

才能使人才得到更好的培养。

2. 扩招面向的群体也需要改变，明确高职变革重点

要改变学习群体，不能单纯地接受学生，而是要改变传统就学的群体，要给退役军人、下岗失业人员、农民工等一些机会，给他们一个学习的平台，让他们学到职业知识能够就业。[①]

① 胡平平. 一流本科教育的内涵［J］. 现代教育科学，2021（02）：1-4.

第四节 育训部落中的“本”

一、育训部落中“本”的概述

从客观的角度来看，想要实现一流的本科教育存在困难，但建设出一所一流本科会让整个城市的教育上一个台阶。

当一流本科建设成功时，就能推动学生知识、能力和综合素质的发展结合，使学生全面发展。因为一流本科的教育基本就是围绕学生的发展而开展的。一流本科能够接纳不同类型的一流人才，能够让每个学生发挥出自己的强项。从更深刻的角度来说，育训并举，共促发展是现代社会教育的基本理念，想要建立一所一流本科，需要的不单单是文化上的知识，而是育训并举，齐头并进。[①]

二、育训部落中“本”的质量因素

本科教育质量到底是受什么因素的影响？育训部落的“本科”又带来了什么好处？这些问题学者们已经研究了很久。各人有各人的看法，从新的角度来看，应该把视线从“教”转为“学”，本科教育不应当把重点放在教师层面，而是要放在学生层面。

讲到这里，人们常常会问“如果教师的教学质量不高，学生能够

① 胡科.“双一流”建设背景下本科教育质量的影响因素研究［J］. 黑龙江高教研究，2021（02）：1-6.

学得好吗”“那还要老师干吗”等问题。虽然这是评判教育质量的重要标准，但它真的适用于本科教育吗？这值得思考。

评判本科教育质量的决定性因素还是学生学得怎么样，特别是学生是否有自学能力。当今社会很多本科的学生都是在被动学习，这样很容易养成学生依赖心理，教师教一点，学生学一点。这种学习方式是不客观的。从种种方面都可以看出在一流本科中师生是一个共同体，是相互进步的过程，在一流本科中，只有教师和学生互补互助，学生的动力和热情才会一直高涨，学生才会把学习当作乐趣。

学习效果如何是教育必不可少的问题，时间与学习效果如果达到某个极点后，还一直学习，将会导致学生产生厌学情绪，应该在学习效果最佳的时间段去冲刺去学习。在一流本科中，应该合理分配学习时间和休息时间，要做到劳逸结合，这样才能达到更好的学习效果。[①] 质量决定因素如图 5-7 所示。

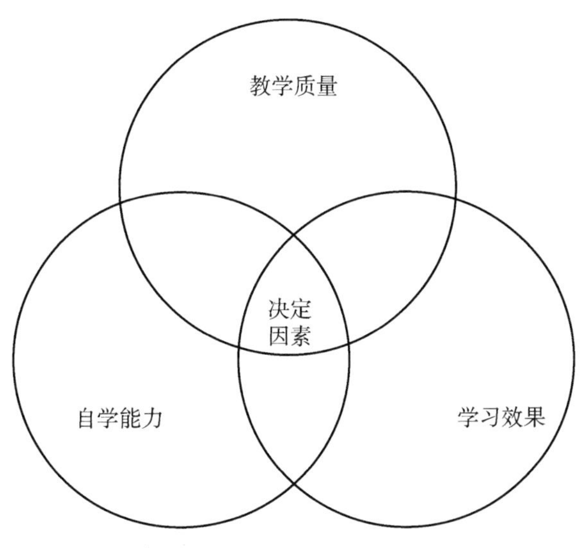

图 5-7　质量决定因素

① 杨蕾，李倩，池玮，等. 2020 年我国高等教育研究热点分析：基于人大复印报刊资料《高等教育》载文数据［J］. 河北科技大学学报（社会科学版），2021，64（02）：66-69.

三、育训部落中“本”的人才建设路径

（1）首先应该改变当前对于本科教育的概念：更新传统的本科教育概念，树立符合当今社会需求的教学理念，遵循育训部落模式。

（2）分析当今社会状况，确定一流本科专业：调查市场对一流本科人才需求的方向，这样有利于明确学校主要规划和流程，设立更好的专业。

（3）优化本科的学科分布：合理分配本科的学科，避免出现头重脚轻的局面。

（4）成立一流的教学资源：教学资源一直是衡量一流本科的重要因素。

（5）制定人才培养方案：对一流人才的培养需要有明确的方向和目标，这样才能达到更好的效果。

（6）研究中外教学方式：借鉴中外一流本科的经验，找出中外一流本科教育的核心要素进行分析学习。①

---

① 林健. 一流本科教育：建设原则、建设重点和保障机制［J］. 清华大学教育研究. 2019，40（02）：1-3.

第六章　育训部落的『岗课赛证』

第一节 育训部落中的育训结合模式

长期以来，学校对学生综合素质培养的方式手段都是以“育”为主，有着强调理论知识，脱离实际训练的弊端。育训部落针对以上问题创新推出了“训育结合，以训为主，以育为辅”的学生综合素质育训结合方式，把“训”和“育”的活动重心转移到育训结合上来，把教育和实操实作紧密联系起来。在培养学生职业技能的过程中，特别是在课程设计、课程开发、教材编写、活动组织等方面，重视实操实作，要求实操实作比例达到一半以上。在课程教育过程中加强实际操作，在实操过程中渗透课程教育，“实训与教育相结合、理论与实践相结合”，以“实训”的方式强化和固化“教育”的各种理念，使学生素质培训活动真正落到实处，突出实训的质量效果①。

育训部落的育训结合模式有两种实现方式。一是积极推进学历证书与职业技能证书的有机衔接，加强学生可持续发展的基础，充分发挥职业技能水平证书的优点，促进职业技能人才培养，实施职业技能水平评价；有机地将“1+X”证书系统的试点与专业建设、教学计划的建立和教师队伍的建设相结合，将教师资质改革、教材和教学方法整合为专业人才培养计划证书培训内容，并优化教学计划和教授内容。二是根据各个专业的特点，通过校企合作，构建“教、学、练、用”一体化的教育培训课程体系，“做与竞争”是以培养技术应用能力为

---

① 王金星．“训育结合”提升高职学生综合素质［EB/OL］．（2019－12－23）［2022－08－16］．https：//wenku.baidu.com/view/90a86c03a7c30c22590102020740be1e650ecce9.html.

主线，以工作过程为主导的“教学”是指教师的讲解和示范，“学习”是指学生的学习，“实践”是指学生的实践操作，“做”是指学生完成实际操作生产任务，“竞赛”是指学生参加技能竞赛活动。在整个教学过程中，强调理论与实践的结合①，具体如图 6-1 所示。

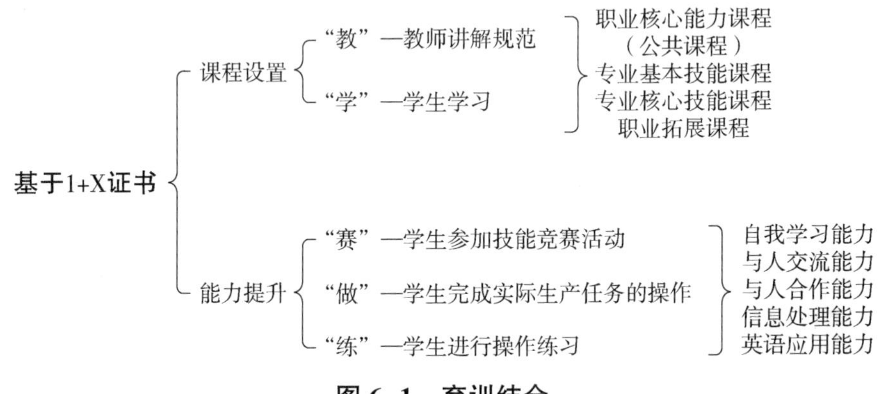

图 6-1　育训结合

其中，1+X 证书系统是教育和训练组合的重要措施。在高等专门学校和专业领域的建设中，复合型技术熟练人才的培养，根据研究和实践相结合来实施。它有助于提高学生的认知能力、合作能力、创新能力和专业能力。我国 30 多年的高等职业教育发展实践证明，“教育与训练的组合”模式不仅能让学生直接获得就业能力，而且能让学生有效地获得非认知能力。特别是 1+1>2 强调效果的自信、沟通、情绪的学习能力②。

① 牛钰. 高职“1+X”育训结合教学改革探索：以黄河水利职业技术学院为例［J］. 职业技术教育，2020，41（35）：46-49.

② 郭文富.“双高计划”引导育训结合、德技并修［N］. 中国教育报，2019-04-23.

第二节　育训部落中的“岗课赛证”

一、愿景及遇到的问题和解决措施

以习近平新时代中国特色社会主义思想为指导，为了贯彻党的十九大精神和全国教育大会精神，我们对习近平总书记的教育做了重要的阐述。并对新时期职业教育的改革和发展进行了深入的研究。中央深化改革委员会在第五次会议上进行了审议。2019 年 1 月，国务院发布了《国家职业教育改革实施方案》（以下简称《职业教育法》第 20 条）。学历证书与职业技能等级证书相结合，探索实施 1+X 证书制度，不仅是职业教育改革的重要部署，也是一项重大创新。《职业教育法》第 20 条明确提出“深化复合型技术技能人才培养模式改革”，借鉴国际职业教育培训的通行做法，制订工作计划和具体管理措施。2019 年政府工作报告进一步指出，“必须加快学历证书和职业技能水平证书的互联互通”①。

在习近平新时代中国特色社会主义思想领导下，我们必须要深入贯彻全国教育会议制度，完善教育培养制度，适应高质量发展的要求，坚持以学生技能培养为中心，深化复合型人才培养模式和评价模式改革，提高人才培养质量，走复合型人才培养之路。

坚持政府引导、社会参与、教育培训相结合，质量保证、双向管

---

① 开展 1+X 证书制度试点 1+X 证书制度方案解读［EB/OL］.（2022-05-12）［2022-08-16］. http：//www. creditsailing. com/GaoKaoZiXun/757097. html.

理、中间标准化、试点先行、稳步推进的原则。加强政府的总体规划、政策支持、指导和监督，引导社会力量，积极参加职业教育和训练。高职院校要认真落实学历教育与培训并重的法律责任，遵循学历教育与职业培训相结合的原则，促进书证一体化。严格控制证书标准和人才质量，规范培训流程。

加快人才培养体系的完善，刻不容缓。通过德技、教育、训练相结合，将岗位实训技能融入课堂教育、技能训练、实践训练，促进理论知识与职业技能的有机衔接，提高思想政治、职业技能等教育的实效性，培养学生的劳动模范精神、劳动精神、工匠精神，引导学生努力学习，提高并全面发展职业技能水平。职业教育与培训体系的一体化设计，促进了职业教育各门类、培养目标、课程体系的确立，促进了教育内容与考试方法的衔接。探索 1+X 证书体系的质量，职业学校能够利用行业顶尖企业的成熟标准，使学校得到提升和丰富，并结合实际实践，对相应的课程和专业进行改造和完善。动态调整专业目录，鼓励学校通过更加分化的投资和方针项目指导，开设更加稀有、高品质的专业，帮助更多的年轻人完成更高级的工作。对于退休士兵、失业者、工人、高素质农民工人等这些不同来源的学生，可根据不同要求，因材施教，以满足不同群体的学习需求。建设国家“信用银行”，促进各类学习成果的相互认可和转化，为终身学习提供机会。

但随之而来的是新的问题：①终身技能生成动力不足。学校、企业及新产业工人本身对终身技能要素构成缺乏理性认知，整体职业规划缺失，阶段性规划及长远规划难以有效衔接，“技能短视”导致“技能终身”动力不足，缺少一体化机制。②终身技能生成资源不够。教研等育训主体资源、信息、人才等流动不畅，技能生成的共享型资源较为缺乏，共建、共管、共育的机制不健全。③终身技能生成路径不畅。目前在工人终身技能生成的培养中，缺乏可以借鉴的实践经验，缺少终生技能生成路径和有效模式，造成顶层设计难以落地。

根据以上问题，育训部落以教育生态学、三重螺旋等理论为指导，以产业工人终身技能“前中后转贯通”为目标，以“政产研教联通”为平台，以“岗课赛证融通”为途径的育训结合复合体机制，通过“三通”并举，共同培养职业技能人才的终身技能。

“岗课赛证”指的是结合对应岗位设置课程，“岗”是工作岗位，“课”是课程体系，“赛”是职业技能竞赛，“证”是职业技能等级证书，其中的课程体系是“岗课赛证”能够融通的核心和载体[①]。接下来我们从“课岗结合”“课证融合”“课赛融通”和“岗、课、赛、证”，四位一体等方面来详细介绍“岗课赛证”的育训结合一体化体系。

二、“课岗结合”

课程标准是组织和实施学校课程的指导性文件。课程的构建对课程规范要求的标准化和课程质量的提高起着重要的作用。目前，我国高等职业教育尚无统一系统的课程标准。高职院校一般自行制定课程标准或直接改进课程大纲，这使得课程标准建设存在一些问题。究其原因，第一，关于职业岗位和职业群体的详细调查不足，职业能力开发课程的目标不明确。第二，过于强调知识的系统学习，并且课程内

---

① 职普融通、中高本培养体系，看“岗课赛证”样板，如何“三教”育人［EB/OL］.（2021-06-02）［2022-08-16］. https://www.sohu.com/a/470916363_121124333

容与企业工作的需要脱节；第三，注重职业技能的培训，忽略了职业素养的培养①。

高等职业教育的本质特质是职业性，职业性决定了高等职业学校的人才培养目标是培养出具备综合专业能力的高技能应用型人才，以满足企业的需要。为了达成这个目标，根据技术领域和专业人员的职务要求，改革课程制度，教导内容，参照专业资格基准，制定出重视职业技术能力培养的课程标准②。

在制定课程标准时，引入标准专业的岗位需求，指导专业的课程系统进行构建，按照专业岗位的标准整理课程内容，将专业状况和企业文化理论知识整合到教育过程中才能实现专业人才培养过程与企业生产过程之间的衔接，促使专业课程标准与专业岗位标准相结合，最终形成专业人才的培养与社会发展的良性循环生态圈。

课程设置反映了工作岗位需求和职业发展的规律。以会计为例，根据会计岗位及相关职业岗位组，可分别设置出纳、会计、税务、财务管理、审计、销售业务、信贷业务等岗位。学校对会计专业要坚持校企合作育人的模式，由行业企业专家兼任教师，兼职合作共同构建实践性课程，确保兼职教师教学比例达到50%以上，确保课程内容根据岗位需求而定，确保课程内容是由工作岗位需求所指导，使课程内容能够反映岗位实际需要③。

育训部落为了保证课岗结合的深度融合，积极推进校企合作发展，搭建课程与证书相结合的教学平台，推出联合办学、“订单班”、学徒

---

① 张松慧. 高职教育课程标准与职业岗位标准对接研究［J］. 现代企业教育，2013（20）：137-138.

② 关于全面提高高等职业教育教学质量的若干意见［J］. 中国职业技术教育，2007（01）：14-15.

③ 李锐. 基于“课证融合”“课赛融通”和“课岗结合”的高职会计专业课程体系优化与实践［J］. 现代职业教育，2017（07）：142.

制等多种人才培养模式。招聘有着丰富经验的企业技术人员进行指导，学校教师还应根据企业需要，根据专业人员和岗位所需的知识、能力和质量目标，制定教学内容，采用项目教学法和情境教学法培养应用型技能型人才[①]。

此外，应根据岗位技能标准来设置课程内容。职业学校各专业应当通过调查，确定与本专业相对应的职业岗位或岗位组，以岗位为逻辑主线对工作岗位进行分析，对完成工作任务过程中形成的工作项目进行系统分析来设置课程。课程体系的设计应遵循“充分性、实用性、应用性”和“毕业就业、就业操作”的原则，利用课程整合和内容整合，并按照“集团化”的建设理念和“班岗一体化”的要求。然后，要根据工作岗位技能标准来设计教学内容。根据岗位技能要求，按照基本技能、核心技能和综合技能的递进规律设计实践教学过程；同时，在岗位实习的基础上，根据阶段性实习要求，编制《工作岗位实习指导手册》和《教学任务评价标准》。比如毕业设计题目都来自企业中的实际相关工作问题，在学校教师和企业工程师的指导下实施实际问题，完成专项技术工作，重点提高学生解决实际问题的能力[②]。详细内容如图 6-2 所示。

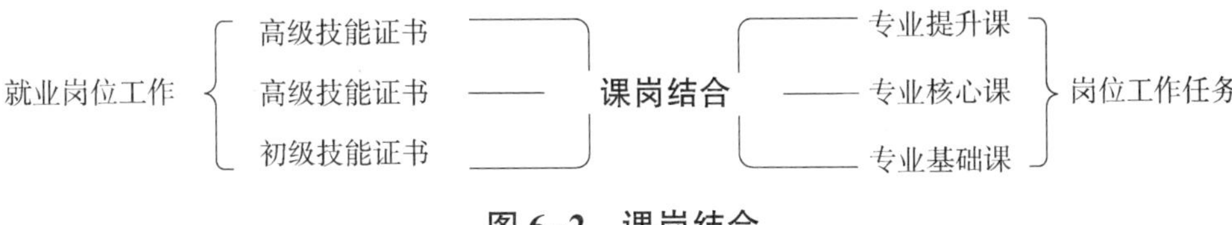

图 6-2　课岗结合

① 王银.“岗课赛证”四位一体的工程造价专业——人才培养模式探索研究［J］. 建材与装饰，2020（02）：178-179.

② “岗课赛证融通”培养高技能人才的实践探索［EB/OL］.（2021-04-15）［2022-08-16］. https://www.sohu.com/a/460990265_800943.

三、“课证融合”

“课程证书一体化”是新时代背景下衔接职业教育体系与劳动就业体系的核心。其本质目的是以证书为媒介，实现大学教育、职业资格、职业技能水平的交流、相互认识，达到综合性的高质量人才培养的目的。如常州信息职业技术学院以“立足信息产业，培养信息人才，服务信息社会”的信条为办学理念，切实促进“双证制度”的实施，并逐步探索，介绍“1+X”证书系统。选定与专业相近的职业资格证书，作为职业起点进行职业技能评价，将职业资格证书交付给该专业课程的单位。课程证书的相互认可，将“双证书”与“1+X”证书相连接，将专业的实行教育系统作为主要线路，从而培养出具有优秀专业能力的人才[①]。而“1+X”等级证书是评价职业技能水平的证书。它只是一种学习成果的证明，而不是准入资格，也不像职称证书那样是对岗位工作经验和表现的认定。据有关专家介绍，1+X 证书制定体系作为一项制度，其宗旨在于将职业技能水平标准与专业教学标准、培训内容与专业教学内容、技能评估与课程评估相结合，使高校能够整合新技术，新流程、新规定、新要求，并及时融入人才培养过程，促进高校积极适应科技发展的新趋势和就业市场的新需求。同时，也提高了社会力量参与职业教育的积极性，带动了培养模式和评价模式的创新。目前，1+X 证书制度试点工作已在国家层面上推进。[②]

把职业技能鉴定作为教学的出发点。从课程证书整合的角度来看，

① 张润．以证为引 以课为主：扎实推进融证入课［N］．中国教育报，2020-03-12.

② “岗课赛证融通”如何综合育人？看看湖南最热专业的探索实践［EB/OL］．（2021-05-14）［2022-08-16］．https://www.163.com/dy/article/GA01T9IL0550HXM1.html.

职业技能评价的切入点对最终评价有着直接的影响。学院将理论知识、实践课程、技能训练课程、课程完成等教育环节与劳动部审查指导中心规定的审查时间充分结合，确保职业技能考核切入点在教学中得到切实落实。另外，为了确保学生顺利通过职业技能鉴定，学院还应利用学校企业的结合、模拟训练、训练基地等资源，进行多课时的持续、有针对性的核心职业技能强化教育，使学生全身心投入实践训练，大大提高技能水平和操作水平。

职业证书计入课程学分。职业证书包含在相关专业课程的学分中，要作为高职学生必须获得的第一份技能职业资格证书，学院在积极解读吸收国家相关职业技能标准的基础上，将其作为必修科目，给予足够的时间保证。在此基础上，在选修课中加入技能培训第二职业资格证书，并给予相应的学分。同时，为了有效衔接“1+X”证书制度，还应将职业证书的范围扩大到课程教学标准、课后作业中。

课证互认实现对接。学院应根据各专业知识的广度，制定相应成熟的解决课证融合中出现问题的方案，确保课程证书的交流与互认。要想实现教学课程和证书的无缝对接，对于知识面狭窄的专业，可以直接采取课程教育和职业技能鉴定交流的形式，即以职业技能鉴定的要求为基础进行教育，将鉴定的结果代替考试结果。由于知识领域的广泛，必修科目的数量多，所以有可能其中的课程无法到达国家职业标准的要求。因此，学院可以在获得当地劳动部门和教育部门认证和同意的前提下，将教学和培训结合起来达到育训结合的效果，以职业技能评估的实际绩效取代技能评估的实际绩效。因此，学院基本实现教育和实训真正意义上的无缝对接。

“课程与证书一体化”模式是实施“双证书”制度的有力手段。

职业教育应以服务地方特色产业为目标，培养学生的职业认同感。学生能够满足企业的就业需求，可以无缝对接企业相关岗位。但是在通常情况下，高职院校培养的学生经过三年的专业学习后不能满足企业的要求，获得相关职业技能等级证书的学生数量也有限。目标与现实之间的差距导致了职业教育的失败。其中一个主要的原因是在相关专业的教学课程设计中，对于相关工作岗位需求分析做得不够好。在很多情况下，都是盲目采用项目教学，内容陈旧且落后，教学课程的内容也无法及时更新，从而忽视了相关职业工作岗位的实际需求，同时教学课程的组织、设计、内容与职业技能评估和评估标准之间缺乏联系，使得学生获得职业资格证书的成功率大大降低。在这新的形势下，育训部落为了积极响应教育部的号召，加快了对“双证制”、探索和实施“课程证书一体化”的项目化课程体系的研究，经过摸索和参考各个学校课证融合发现，“课程证书一体化”其本质是一种集“教、学、做”于一体的理论与实践相结合的教学模式，使学生在完成专业课程后，可通过有关评估，取得专业资格证书。“课程证书一体化”是实施“双证书”制度的关键，可以大大提高学生的岗位适应能力，提高学生的就业竞争力①。

四、“课赛融通”

职业技能竞赛是我国教育体制的革新，使国民教育体系得到进一步的完善，这对我国职业教育的发展具有重要意义。

---

① 王欣. 新时期“课证融合”教学模式的探索：以《移动通信终端产品检测与维修》课程为例[J]. 现代职业教育，2018（18）：150-151.

技能竞赛的意义可以概括为六种：一是促进高职院校人才培养模式革新，技能竞赛可以增强高职院校的办学活力，促进学校和企业的合作，实现工作岗位需求和课程内容相结合，根据企业对相关工作岗位技能的需求，培养出企业所需的高素质高技能的综合性人才；二是可以促进职业教育体系进行调整，开展技能竞赛有利于改变传统教学模式和教学方式，实现上课内容与工作就业所需技能的“零距离”衔接，有利于教学内容与工作岗位所需和职业技能资格评定相结合，促进高职院校学生职业技能水平的发展。推进“双重资格”教师队伍职业技能竞赛的发展，有助于提高专业教师的实际能力和操作能力，使他们不仅能说能教，还可以以自己高超的技能水平培养学生的专业能力；三是促进激励机制的形成，通过各级职业技能竞赛树立榜样，调动学生参加职业技能竞赛的积极性，进一步强化学生的职业技能水平；四是促进学生就业，职业寻求和创业能力。通过技能竞赛，提高学生的职业素养，展示高职学生良好的精神面貌和扎实的技能基础，向社会宣传职业教育取得成果，向企业和用人单位宣传职业技术学校的办学情况①。

“课赛融通一体化”是指在1+X证书制度下，将技工院校、中等职业学校和高职院校的日常教学和技能竞赛有机结合起来，使教学内容、教学形式、教学要求与竞赛项目统一、整合，了解比赛规则和得分规则。在职业技术学校的实际教学过程中，结合竞赛任务将职业技能标准、工作岗位需求和核心技能要求细化为教学项目，将教学课程内容和竞赛要求结合起来，这样才能满足新课程标准的教学要求，提

---

① 技能大赛的重要意义及其认识误区［EB/OL］.（2020-11-01）［2022-08-16］. https://wenku.baidu.com/view/631dc9d0941ea76e59fa0409.html.

高人才培养质量①，提高专业技能和学生自我规划、科技创新的能力。在学校竞赛体系和园区竞赛体系结合的新能竞赛体系下，实现“以赛促进学生学习、以赛促进课程革新、以赛促进重构教学体系”的目标。

那么“课赛融通”有哪些意义和作用以及有什么模式呢？

1. 将教学课程与竞赛相结合，改进教学方法

通过“课赛融通”，教师将竞赛内容融通到日常课程内容中去，从设置课程到选择教材，再到具体的教学内容，围绕着技能竞赛的要求进行融通。对于软件技术专业，学校可根据全体员工掌握的软件知识，结合软件竞赛项目的具体情况，重点整合专业教师的教学内容。在上课过程中，以“数据库”课程为例，教师可以交替使用后端语言来操作数据库内容，并将前端页面和后端之间的数据交互作为教学重点，这不仅降低了学习的难度，同时也调动了学生的积极性、活跃性；框架操作也可以穿插和集成，这不仅简化了编程的难度，而且提高了课程之间的相关性。这样做到了“做中学，学中做”，同时也强化了教学成果。

2. 将课程标准与竞赛标准相结合，引导课程的教学方向

职业技能竞赛主要审查学生的技能综合水平能力，这决定了在大学课程体系建设和课程标准制定的过程中必须要考虑学生的技能训练程度。技能竞赛项目的内容往往来源于该行业的最新技术，围绕该行业和企业的实际需求出发，最能反映行业和企业对技术型人才的实际需求。因此，在制订人才培养计划和设置教学课程内容时，高职院校必须深入各行业进行研究，要将各行各业的最新技术融入课堂教学内

---

① “课赛融通”中应注意的几个问题［EB/OL］.（2020-10-21）［2022-08-16］. https://www.fx361.com/page/2020/1021/7118628.shtml.

容中，调整课程教学体系。因此，根据竞赛内容规范和评分规则的要求，可以使得课程的教育标准和竞赛项目要求具有一致性，将教学标准做到精益化、系统化、具体化。例如，基于手工绘图逐渐被机械绘图所取代的现实，可以相对弱化几何绘图的教学，加强手工制图和计算机辅助制图的授课。零件图和组装图部分的图纸最好来自工厂，达到强调教育实用性的目的，这也是举行竞赛的目的。例如，平顶山市竞赛部分试题给出的实物部分不完整，设计不合理。要求参与者首先观察，然后手工绘制草图，在实物上标记缺失的零件，改进不合理的设计，用 CAD 软件进行测量画出二维零件图和组装图，最后输出图纸。可以看出在教学中，教师必须按照企业的生产标准和竞赛规则以及评分标准进行指导教育，并制定更加实用高效接地气的教育标准。

3. 践行“课赛融通”，促进师生自身成长

职业学校应注重“课赛融通”，促进教师专业成长。在教师培训的基础上，教师有义务在教学的同时引导学生参加竞赛，以发现自己的不足，促进自身的发展。学校可组织教师积极备战年度各级职业技能竞赛，认真讨论竞赛考核标准，探索各环节评分点，亲自操作，制定最佳操作方案，将竞赛综合讨论与课程有机结合，从而促进“班级竞争一体化”，优化教学团队，帮助学生成长。学校应在“班级竞争一体化”的实践中，引导青年教师学习、跟随并逐步引领竞争，从而达到能够竞争并解决现实问题的水平，不断优化教师结构。其中职业教育的教学质量直接受教师队伍质量的影响，高素质的教师对培养高素质人才具有重要意义，“1+X”证书制度要求教师不仅要掌握行业发展趋势，还要有创新意识和创新能力，准确把握行业需求，实现理论与实践相结合，不断优化教学内容。在备战技能竞赛的过程中，企业或行业的教师相互合作、协调，既能有意识地进行教学改革，又可以促进一批专业教师的专业水平、理论水平、教学能力以及职业技能的提高，从而达到以竞赛促进教学的效果。高职院校设置的教学内容主要是为了培养学生的实践能力。高职院校引入技能竞赛机制，不仅要求学生把理论转化为实践，还要求学生注重解决实际问题，是培养学生全面发展和提升学生职业素养的有效途径，对改变当前学生综合技能低下的现状有着重要作用。

4.“课赛融通”的教练型教学模式将“教练式”管理系统应用于教学模式，是“教练式”教学模式的理念

其核心内容如下：教练式管理是指管理者的首要任务是帮助下属成长；教练型管理者是运用教练技术帮助下属在学习中成长[①]。“课赛融通”与教练型教学模式结合一定能帮助学员在竞赛的过程有所成，那么他是怎么帮助学员的呢？

（1）“课赛融通”教练模式的实践基础是将教练技能熟练应用于技能竞赛，不仅仅是学生之间的竞赛，也是教师之间的竞赛。因此在确保专业技能提高的基础上，教师应学习和掌握以下基本辅导要点，以更熟练地掌握操作教练教学模式的相关技能：①“教练”的重点是调整心态。②“教练”的本质是动机。③“教练”的主要方法是有效地创建一个学习型团队。④“教练”的根本目标是充分挖掘学生的潜力[②]。

（2）学为人师，行为示范，是实施“课赛融通一体化”教练模式的实践前提。随着网络经济的发展，教学环境、教学对象和教学渠道

① 涂锐．“教练型”教学模式运用于高职教育的理论初探［J］．教育与职业，2011（36）：187-188.

② 王璇．基于教练法教学视角的职业学校课堂教学模式改革探索［J］．产业与科技论坛，2016，15（03）：187-188.

都发生了巨大的变化。大学生对一些具体问题的思考和他们的知识可能完全超过教师。因此，教师应理顺自身定位，充分利用“班级竞争一体化”教练教学模式，重新定位自己的角色，充分发挥自己应有的作用，正确引导学生。

（3）关爱学生，以德育人，为“课赛融通”教练型教学模式的应用提供情感基础支持。教师的天职是促进学生的成长，引导学生的进步。每个学生都有自己的缺点和不足，教师的意义在于弥补和纠正学生的缺点和不足。因此，教师应充分关爱学生，充分调动学生的自觉能动性。

（4）教师行为要规范，为应用“课赛融通”教练型教学模式提供实践保障。教师是学生的模范和榜样。教师所体现的“师德”和“师魂”将强烈影响学生的兴趣和行为目标。因此，教师应注意自己的行为、语言风格、服饰和发饰、思维方式等。教师应以身作则，对学生进行正确的行为规范和引导①。“课赛融通”的教练型教学模式如图 6-3所示。

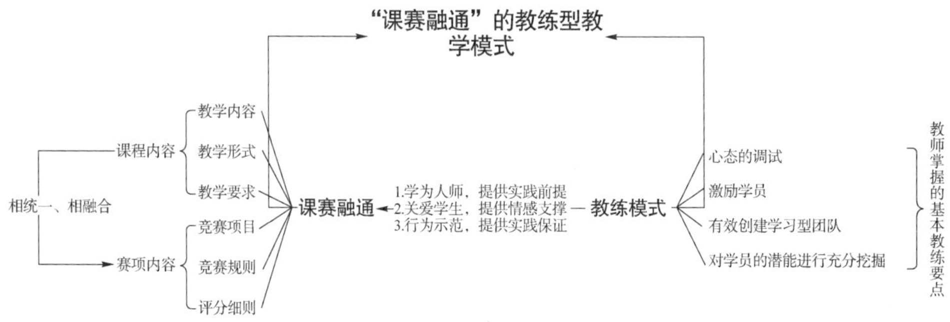

图 6-3　“课赛融通”的教练型教学模式

① 张利梅，耿波. 基于技能竞赛“课赛融通”教练型教学模式的研究［J］. 经贸实践，2018（23）：236-237.

每门课程除了要有相应的内容外，还要有相应的逻辑思维方式。由于比赛难度大，学生们将在这门学科上下很大的工夫，以便更透彻地理解和掌握知识点。教师为了带领好团队，拿到相应的奖项和成就，在教学的同时，引导学生参加比赛，发现自己的不足，促进自我完善，从而达到“以赛促学、以赛促教、以赛促建”育训结合的目的。

五、“岗、课、赛、证”，四位一体

育训部落“岗、课、赛、证”，四位一体可以分为以下几点：

(1)“课证一体”，将职业资格证书考试的内容与课程教学内容相结合，职业技能证书考试的内容与实践培训内容相结合，以课堂教学为轴心。同时，将热门证书纳入课堂教学和实践培训，如国家司法考试、中国精算师、一级消防工程师、一级建造师、心理咨询师、执业医师资格考试等热门证书。提高教学内容的针对性，理顺教学目标。

(2)“课岗一体”，将职业技能要求融入课堂教学，教学内容由职业技能标准要求决定。课程体系设计反映了岗位需求和专业发展趋势，如国际贸易专业可以以校企合作为平台，参照行业企业对员工知识和能力的要求，确定实训教学项目和教学标准，坚持校企合作育人，由行业内有着丰富从业经验的专业人士任兼职教师或举行不定期的行业专题讲座来传授知识。

(3)“课赛一体”，将专业技能竞赛的内容和标准纳入人才培养计划，提高学生的创新能力、技术能力和综合素质。以高起点、高标准培养应用型人才，每年在全国范围内，各类技能竞赛层出不穷。全国职业院校技能竞赛主要有教育部联合相关部门、行业组织和地方共同举办的中职、高职的比赛项目。通过课程竞赛的相互促进，可以提高学生的学习兴趣，提高教学效果，通过竞赛前的选拔和竞赛训练，也可以促进学生的正常学习。

（4）“岗证一体”将职业技能要求和资格考试内容纳入人才培养计划，提高专业人才培养的针对性，最终进入企业，找到心仪的工作岗位。此外，职业技能等级证书可以作为学生进入企业的“敲门砖”，也是学生职业技能综合能力的体现，在人才培养中，重视资格考试的重要性，对激发学生认真学习、提高岗位技能也起到了不可忽视的作用。

（5）“岗赛一体”，即将岗位技能要求和技能大赛的内容进行融合并最终引入课程体系和人才培养方案中。因此，学生在比赛和训练中要加强岗位技能的训练。在实训过程中，对学生岗位技能的培养也为学生参加竞赛奠定了基础。此外，以竞争标准指导在职培训，以高标准促进高产出，将更有效地提高学生的综合素质。

（6）“证赛一体”，将教学课程和竞赛的内容整合到课程中，通过证书与竞赛的互补性，职业技能证书考试可以弥补理论上的不足，在等级资格证书课程的形成过程中引入竞赛标准，必将提高考试的及格率，同时考试课程的内容也是技能竞赛的基础。将职业技能等级证书和技能竞赛这两个要素纳入人才培养计划，有利于提高学生的实践能力和综合素质①。

那么育训部落是如何将“岗、课、赛、证”融通结合以达到育训结合培养人才的目的呢？

---

① 课岗证赛四位一体人才培养［EB/OL］.（2021-08-18）［2022-08-16］. https://baijiahao.baidu.com/s?id=1708397976263058134&wfr=spider&for=pc.

2021 年 5 月，湖南财经工业职业技术学院副书记何万能在全国职业教育大会上介绍到："借助 1+X 证书制度，工业企业对会计人才的需求已成为一个工作领域和任务。课程直接针对工作需要，通过对教学课程的分析与重构，实现工作岗位、教学课程、职业竞赛、职业技能等级证书的一一对应。"例如会计专业，在包括业财税融合"会计基础"等在内的高职财会专业 10 门核心课程，与"业财税融合成本管控"和"业财税融合大数据投融资分析"两个 X 证书在教学目标、教学内容、教学资源、考核内容上深度融合，通过常规课程学习与考核，学生就同步完成了职业技能等级证书学习，通过考试可拿到证书。这种整合模式从根本上避免了在考前刷题临时抱佛脚考证的情况。新构建的专业核心课程体系特别注重课程内容、思想、德技等方面。根据不同专业岗位特点，充分挖掘职业素养要素，并将其融入课程标准和内容，为教师在教学实施中实现"岗、课、赛、证"一体化课程体系提供了具体方案。育训部落以上述内容为基础，以学分银行、资历框架为根据，以"前中后转贯通"为途径构建了育训结合"岗课赛证融通一体化"复合体机制。课征融通如图 6-4 所示。

1. 学分银行理论

学分银行的本质是振兴学习成果，避免重复学习，建立多种学习成果交流和认证体系。学分银行理念下的"1+X"证书制度，鼓励学生取得学历证书，积极获取各类工业学校职业技能证书。以应用为导向的职业学校和本科院校，学生取得毕业证书并通过相应的职业能力考试后，可根据信用银行的规定免除相应职业能力证书的考试内容。被鼓励取得职业培训证书的学员可以通过信用银行识别其学习成果的类型和水平，并将其转换为相应的大学课程。完成学校规定的全部课

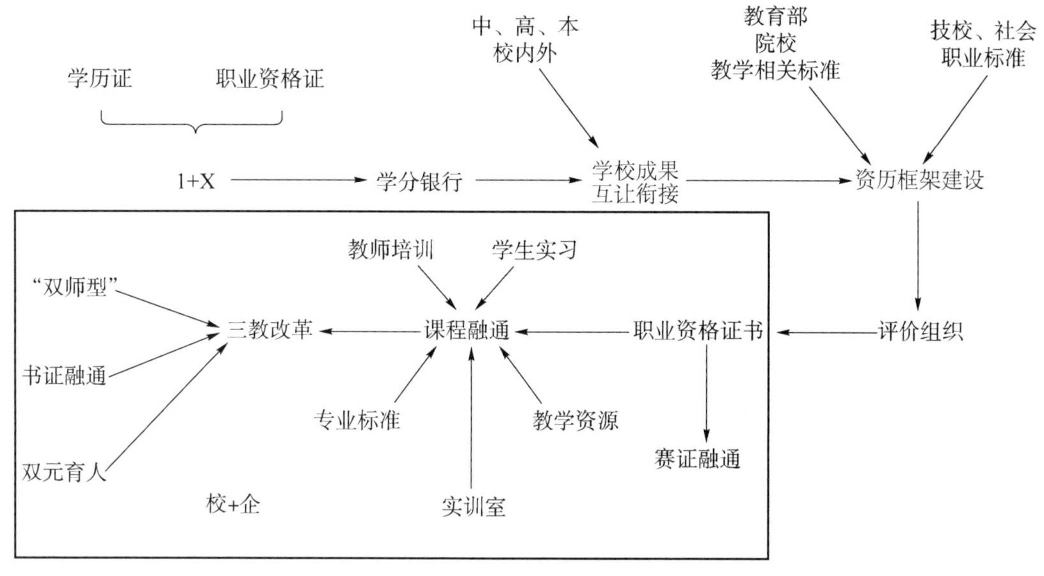

图 6-4　课证融通

程后，可依法取得学习证书，减少重复学习内容，提高学习效率，以学习成果为衔接点，实现学历证书与职业资格证书的双向衔接①。

2. 资格框架

资格框架也称为学习成果框架，是根据教育部、院校、教学相关的标准以及技校、社会的职业标准等建立的学习成果的资历制度。资格框架与学分银行的关系是构建终身学习交流的重要制度设计，资格框架是学分银行建设的基础、认证标准、信用计算、信用评价体系等方面的基础。学分银行学习成果的有序叠加与转换是根据资格框架的层次和标准对学习成果进行排序。因此，资格框架与学分银行密切相关。一旦学分银行建立在资格框架的基础上，它们将形成一种必然的联系。两者紧密结合，相互影响。一方面，资格框架在为学习成果认

① 学分银行理念下“1+X”证书制度［EB/OL］.（2019-10-09）［2022-08-16］. https://gjxb.yzpc.edu.cn/2019/1009/c2095a28018/page.htm.

证提供环境、参考框架和渠道方面起着主导作用，这是学分银行工程建设的基础；另一方面，学分银行是实施学习成果框架的重要载体，起着承上启下的作用。没有学分银行的学习成果框架缺乏应用平台，学习成果框架难以服务学员，终身学习体系难以构建[①]。

最后在结合 1+X 证书、学分银行和建设资历框架的新型教育体系下，以评价组织来评价学生的职业技能水平是否能在职业技能竞赛中取得良好的成绩并发放相应的职业技能资格证书，以达到赛证结合的效果。在课堂上，通过“双师型”“双育人”与“书证融通”三教改革，建立全新的教师育人体系。通过教师培训、实训室等教学资源以专业的标准来教育学生，与职业技能资格证或者与企业接轨，使学生能够达到获取相应的职业资格证书的要求或者在定岗实习期间能够快速的达到企业工作要求。

“课岗证赛”四位一体人才培养模式是为了培养应用型复合人才，其最终目标就是要提升学生的实践应用能力。这一模式将课堂教学、岗位实践、资格认证考试和技能竞赛融为一体，将实现在课堂中实践、在考试中实践、在竞赛中实践，将岗位实际工作场景导入课堂中，将资格认证考试标准融入理论教学中，将技能竞赛要求引入实训模拟环节中，让学生在学中练、考中练、赛中练，在练中学、考中学、赛中学，在练中赛、学中赛，可全面提升学生的实践能力和综合素质，实现育训结合。

① 杜怡萍. 资历框架、学分银行、1+X 证书制度的关系解析及施策思考［J］. 职业技术教育，2020，41（25）：12-16.

第三节　“岗课赛证融通”育训部落“三环渐进”人才培养模式

三环渐进模式中的“环”从图 6-5 中可看出，“环”是指学生的学习时间，每环为一年。在过去三年中，学生每年都在企业环境和学校环境中学习。与企业的接触面越来越大、越来越长，颜色越来越深。无论是核心技术课程还是实践实训课程，都是循序渐进、层层深入、直接或间接与企业融通整合的。不同类型的专业课程不仅要有相互的关联性、互补性和配合性。经过大学三年的学习，实现学生与企业近距离对接的目标。基于这一总体思路，我们将对企业进行深入调查，将课程学习与职业技能竞赛和职业技能证书相结合，建立以职业技能和综合素质培养为基础的全过程评价体系，促进学生学习能力、职业技能和职业素质的提高。深化校企合作，实现课后融合，使“班级证书竞赛”深度融合，深度融合需要与企业深度合作，高校有必要对“课岗证赛，一体化”和高校与企业的各种合作形式进行深入研究。育训部落结合高职学生特点，制定了为期三年的培训内容并设计了三个环节：第一年，奠定学生良好的专业基础，开设相关专业教学课程，使学生能够充分掌握理论和技能；第二年，突出学习的专业技能，增加核心专业技能课程，通过教学课堂的形式大力开展技能竞赛和校企项目融通的教学内容，将专业技能证书考核内容融入教学，突出学了就用的实践操作；第三年，注重学生的素质和业务能力，做好工作岗位和社会实践的训练，在课堂上增加相应的教学内容，增加与企业的合作，以企业培训的形式来学习。此外，育训部落在“三环渐进”的基础上，根据学生的学习进度，引导更多的学生参加与其专业相适应的技能竞赛，参照职业资格证书考试范围设计专业课程；同时，考虑专业课程教学、职业技能竞赛、职业资格证书三位一体，制定相应的激励制度，如取得职业资格证书的学生可以代替学分，参加校级竞赛并获奖的学生可申请特殊奖学金或学期课程成绩，使学生掌握专业知识的精髓，激发学生学习兴趣，提高认证率和获奖率，增加求职权重，增强学生就业自信心，提高能力①。

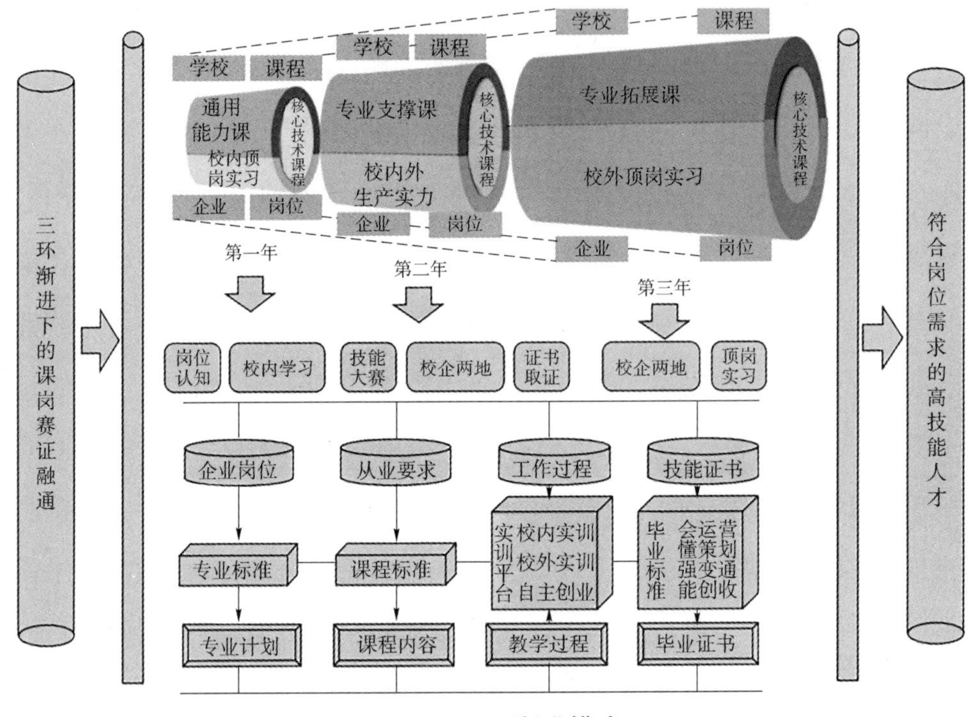

图 6-5 三环渐进模式

① 王薇，林小兰. 基于“三环渐进下的岗课赛证融通”的高职市场营销专业新媒体营销方向人才培养模式创新研究：以北京信息职业技术学院市场营销专业为例 [J]. 工业和信息化教育，2018（07）：39-42.

第四节　育训部落下“岗课赛证融通”模式的实施对策

一、岗：“双体”强化校企合作

校企合作是高职院校长期发展的生命线，各高职院校应加强与指定合作企业的联系，扩大合作规模，建立长期有效、稳定的合作机制。各学院单位还可以与企业合作共同成立学习领导小组，共同制定校企合作发展规划方案。突出重点，全面推进合作，抓好校企合作工作，继续实施人才需求预测、调整课程内容和设计教学方案，从岗位需求定位、教学课程开发、教材设计、技能实训等方面，建立健全学习领导小组会议、实训基地管理等规章制度，对“双师型”教师进行考核和奖励，确保校企合作工作有序有效，同时对学校和学生进行实践成果考核。改进和完善企业提供的实习岗位要求，在招生方面，首先学校和企业共同制定招生计划，培养符合行业基本要求的学生，实现就业。其次是学校接受企业在职员工，根据发展和岗位变化的需要进行短期培训，以满足企业员工技能提升和岗位调动的需要。学校与企业共同开展学生评价。最后是校企合作开展课程开发，共同设计教学方案和人才培养计划。学校以企业为学生的实践培训场所，实施“有序教育”和“定向培训”模式，促进校企有效衔接。为学校、学生和企业创造双赢局面，“双体”强化校企合作如图 6-6 所示。

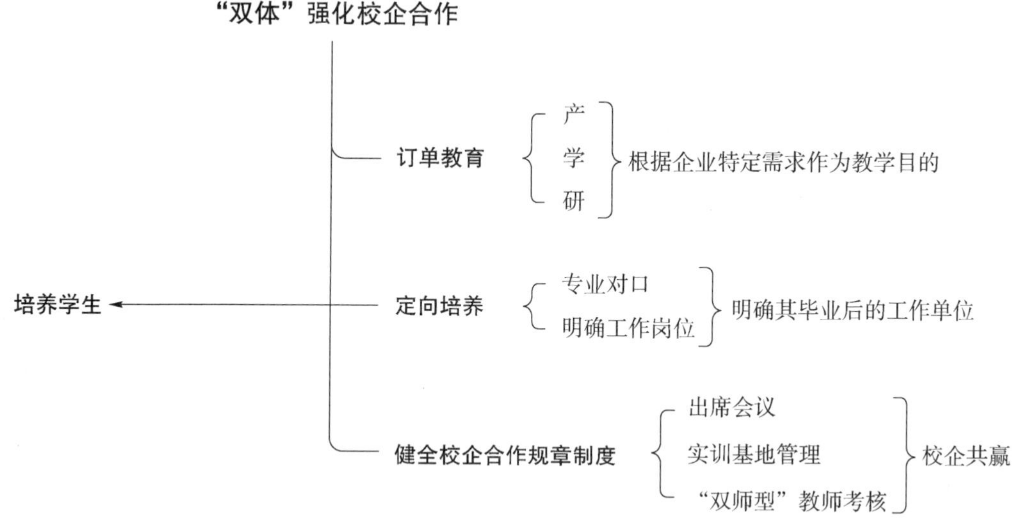

图 6-6 “双体”强化校企合作

二、课：“三进”重构课程体系

以“1+X”证书制度为基础，以学校与企业资源信息共享共赢模式为重点，分三个阶段创新性地重构课程体系。将职业资格考试纳入课程，将企业要素纳入课程，将技能竞赛纳入课程，最终实现“课岗赛证”一体化。“三进”方式重构课程体系如图 6-7 所示。

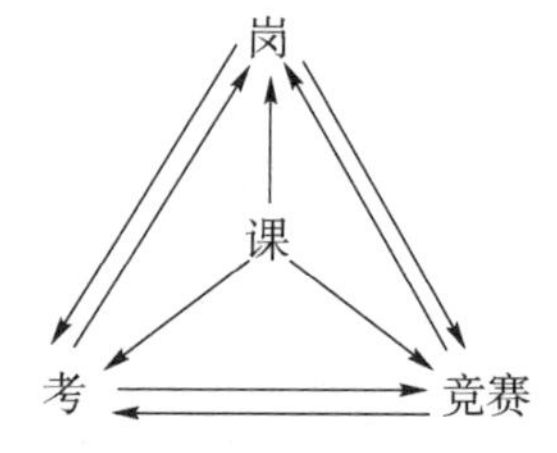

图 6-7 “三进”重构课程体系

三、赛：“多样”竞赛促进教学

多种形式的竞赛有助于促进课程教学改革。例如，各专业教学可以根据各专业特点引入多种形式的竞赛活动，并根据学生的学习阶段和特点开展循序渐进的竞赛活动。如大学数学竞赛、大学语文竞赛、大学物理竞赛、大学英语竞赛等。以“大学英语竞赛”为例，学生们可以利用自己所学的英语知识以戏剧的形式进行比赛。在教师的指导下，学生们根据自己编写的英语脚本进行排练表演。多人组队，分工协作，将比赛活动有效地结合到教学环节的各个阶段，有针对性、有计划地进行课程教学，并吸引学生积极参与竞赛，有效提高学生对英语的学习兴趣。程序编程比赛可以与“软件工程”课程设计相结合。采用“项目驱动教学法”（见图6-8），自始至终围绕一个完整的项目进行；采用案例教学法进行教学，对竞赛主题进行创新设计，如C/C++、VB等语言设计主题。每年都可以结合课程设计不断更新和补充，引导学生在课后自主学习更多的计算机知识①。营造竞争性学习、竞争性教学、竞争性改革、竞争性考试、竞争性管理的良好氛围，提高教师的实践教学水平和学生的专业技能。

四、证：“双证”提升职业能力

当前，我国经济建设进入了高速度高质量发展的新阶段。在知识

---

① 赵英娜，张艳博，李娟. 学科竞赛促进教学改革与创新实践能力培养的探讨［J］. 中国电力教育，2014（12）：131-132.

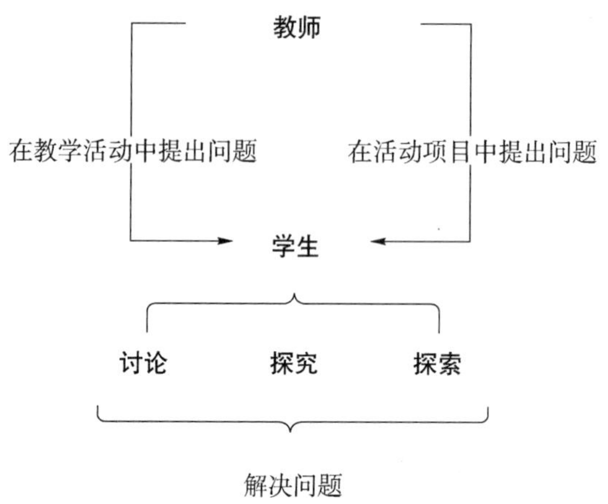

图 6-8　项目驱动教学法

经济时代，人才的重要性越来越凸显，社会对企业员工和各类工作的要求也越来越明确和严格。根据社会就业趋势和岗位人才需求，鼓励学生要积极获取职业资格证书，实现职业技能水平标准与职业教育标准的匹配，将“X”证书的培训内容与职业课程相结合，统一安排培训过程和职业教育内容。学分银行的宗旨是在学历证书学分和职业课程学分之间架起一座桥梁，鼓励学生学习更多的技能，实现职业资格证书与学历证书的对接转换①，“双证”提升职业能力如图 6-9 所示。

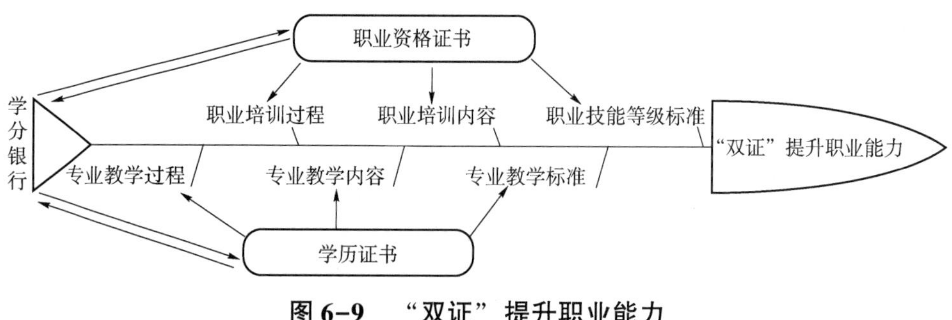

图 6-9　“双证”提升职业能力

① “1+X 证书”下“课岗证赛融通”的工业机器人人才培养模式研究［EB/OL］.（2021-06-30）［2022-08-16］. http://www.ca168.com/paper/show-3085.html.

高职院校的专业教学将注重学生实践能力的培养。因此，高职院校将积极优化培养条件。一是加强校园实训基地建设，投入专项资金购置先进的实训设备，实行实训室全天开放制度，要求实训室里面的设备、机械、生产线与企业的标准具有一致性，促进学生在校园培训中获得相应的专业技能知识，并充分结合工作岗位需求和教学内容；二是加强校外实训基地建设，充分结合专业素质和专业知识来提高学生的职业素质、专业能力和操作技能，促进学生毕业后快速适应工作[①]。

① 任秉春.“双证书”制度对高职人才培养模式的影响探析［J］. 新西部，2020（18）：161-163.

第七章　育训部落的实施方案

进入21世纪后，以经济建设为中心是我国在很长一段时间内不会改变的政策，经济建设的指导方针是在发展中加快结构调整，在结构调整中促进经济发展，产业结构调整是经济结构调整的中心。产业结构决定着人才结构，对专业型技能人才、生产型技能人才、管理型技能人才、复合型技能人才提出了更加全面的要求。

教育部明确提出："要明确高职院校人才培养目标，要高度重视学生的职业道德教育和法制教育，重视培养学生的诚信品质、敬业精神和责任意识、遵纪守法意识，培养出一批高素质技能型人才。"实践证明：高素质技能人才培养与我国社会主义现代化建设要求是相适应的，不仅仅是要求其具备本专业所必需的基础理论和专业知识，而且要具有从事实际工作的综合职业能力和素质，并在生产、建设、管理与服务第一线工作。因此，人才培养体系的建立首先要明确人才培养的目标，它关系到人才培养工作的全局。而明确人才培养目标的前提是制定基本原则，它是高职院校人才培养注重质量的具体体现。

第一节　培养目标

一、人才培养目标制定的基本原则

从人才培养角度来看，培养目标是高校人才培养工作的出发点和归宿，人才培养始于目标，也终于目标的实现。简单来讲，高职院校通过分析社会需求的归结，制定相适应的人才培养方案，学生按人才培养方案接受培养后，最终达到人才培养标准。即人才培养目标的实现。

1. 以高职院校自身发展实际为基础

基于国家和地方经济社会发展对于人才需求的不同，以及高职院校自身的实力和条件存在差异。因此，高职院校要科学分析国家和社会的需求，结合自身的实力，面对外界因素的变化能够做出合理的调整，正确定位自身，优化教学资源分配，从而制定正确的发展目标和合理的人才培养目标。

2. 以社会市场需求为导向

高职院校人才培养具有“市场性”的特点，市场这只“指挥棒”指挥调节着人才的需求，所以在制定人才培养目标时，应遵循市场经济规律，准确及时地把握经济社会发展对人才的需求，准确分析市场发展的趋势，适时、合理地调整人才培养目标，更好地服务于社会，不断满足市场需求。与此同时，高职院校也能更好、更快地进行专业升级，办学特色也更加突出。

3. 以知识学习为基础，以综合素质和能力培养（简称综合素能培养）为目标

新产业工人终身技能人才培养目标就是将其培养为高素质高技能人才，其内涵就是所培养的人才不仅具备扎实的专业理论基础知识，具备一定的创新和实践能力，还要有很强的综合素质。它有两个鲜明的特征：首先，新产业工人必须能够综合运用各种知识，解决生产第一线、工作现场潜在与显现出的问题（特别是要具备处理突发性问题的应变能力），具有一定的操作技能（主要是高级、精密、集成化程度很高的设备的操作技能）。其次，生产第一线或者工作现场的工作，是一种协调同步的群体活动。因此，人际交往能力、生产调度能力和班组管理能力是新产业工人极为重要的素质。

二、人才培养目标制定的具体要求

从人才培养目标制定的原则上，我们可以总结出人才培养目标的总体原则。要坚持以国家、社会和市场需求为前提，培养具有崇高的思想道德素质、职业素养、扎实的专业理论基础、较强的实践能力和创新能力以及熟练的职业技能的高素质技能人才。所以在制定人才培养目标时，应该从以下方面入手：

1. 知识结构的复合性

知识学习是教育的最基础工作，不仅包括基础和专业知识，还包括思想道德素质、职业道德、责任意识、敬业精神等。高素质高技能人才应具备符合现代化社会要求的知识结构。首先，是要具有适应职业岗位所必需的宽广的基础性知识，主要是指基本的文化知识，如大学语文、高等数学、公共英语、法律基础等知识。这类知识是学生终身学习的基础，是学生就业、转岗和创业的基本条件。正如联合国教科文组织《关于职业技术教育建议》中所写的，能使学生“在选择职业时不致受到本人所受教育的限制，甚至在一生中可以从一个活动领域转向另一个活动领域”；其次，是要具有较扎实的专业技术性知识，侧重工作岗位所需的前沿的科学知识。例如，机电一体化专业和市场营销专业的学生除了具备岗位技术知识外，还应注意多媒体、模糊控制技术、人工智能技术等现代新技术的认知和掌握。再次，是要具有较多的相关混业知识。即指相关行业所需要的市场运营知识、组织管理知识、公关写作知识和法律法规相关知识。

2. 能力结构的职业性

知识是能力的基础，无知必然无能。但是知识与能力不同：知识是指人们所掌握的人类改造自然和改造社会的历史经验；能力则是一种个性化的心理特征，是顺利实现某种活动的心理条件。人们要完成某种活动，往往不是依靠一种能力，而是结合多种能力，这些能力相互联系，就保证了某种活动的顺利完成。新产业工人必须具备三类高度综合的能力。一是专业能力。指某一职业活动领域内的技术能力，是从业者胜任本职工作，赖以生存的核心本领。新产业工人除了要具备一般的专业能力外，还必须具有不同于专职人才的高级专业能力。如数控技术应用专业人才就必须具有诊断及维修数控机床故障的能力、操作数控机床和调试数控机床常用参数的能力等。同时还必须有制定数控加工工艺、编制与调试数控程序的能力。二是方法能力。方法能力是指从业者在职业活动中不断获取新技能和知识、掌握新方法的能力，是人才素质不断提升的基础。随着社会发展步伐的加快，新工艺新技术的不断涌现，终结性职业教育转化为终身性职业教育，各国对高职人才方法能力的要求越来越高。三是社会能力。社会能力是指从业者在职业活动中特别是在一个开放的社会生产中必须具备的基本素质，包括语言能力、合作能力、交流能力、自我推销的能力，等等。这三类能力有机结合，即形成综合职业能力。国外学者又称之为“关键能力”。

3. 人格素质的全面性

全面的人格素质是指具有远大的理想、高尚的道德情操、广泛的兴趣、积极的情感、坚强的意志和独立的性格等。具体体现为热爱国家，有强烈的社会责任感，有较强面向生产基层、生产第一线的思想意愿，有理论联系实际和实事求是、言行一致的思想作风，有诚信、吃苦耐劳和踏实肯干的工作态度。

第二节 能力指标

人的基本素质是一种基础性素质，对于其他素质的形成和发展有很大的影响，对世界观、人生观、价值观的形成具有基础性决定作用，并能在更深层次上反映人才的质量。高职教育人才规格体现在德、智、体、美、劳五个方面。概括来讲就是知识指标、能力指标和综合素质指标。

能力指标是人才规格的核心，其核心含义就是学校为社会培养有用的人才。专业技术能力、社会能力和创新能力是能力指标的具体体现。新产业工人要熟练掌握本专业技术能力，特别是在工作岗位上要表现出较强的应对突发情况的工作能力。同时还要具备很强的职业素养，做到理论联系实际，具有实事求是、踏实肯干、任劳任怨的工作态度。同时，还要具备一定的社会能力。

今天的世界，科学技术日新月异，知识更新层出不穷。工作环境、人际关系、职业环境的动态变迁和国际化、开放化的社会环境等因素对从业者的岗位适应能力、人际合作能力和国际交往能力都提出了更高、更综合的要求①。

能力结构归纳为专业能力、创新能力和社会能力三大要素。

（1）专业能力是指从事岗位活动所必须具备的学科能力和专门技能，对于高职工业机器人专业而言。专业能力则是指掌握机械制图、

① 谢明荣，邢邦圣. 高职教育的培养目标和人才规格［J］. 职业技术教育（教科版），2001，22（7）：17-19.

电工电子、液压气动技术、电机与电气控制技术、PLC 技术、运动控制技术、工业机器人操作与编程等基础理论知识；具备电气控制系统装配与调试、机械设备装配与调试、工业机器人应用系统运行维护、工业机器人系统安装与调试等职业技能。

（2）社会能力是个体适应社会和与社会协调发展的能力，是人们生存的一种基本能力。高职工业机器人专业学生的社会能力应主要包括沟通合作能力、人际交往能力，因此，高职工业机器人专业的学生应具备较强的社会能力，以顺利就业于生产、建设、管理和服务第一线。

（3）创新能力是从事创新活动所必须具备的创新意识、思维和实践能力。对于高职工业机器人专业而言，创新能力的培养极大地提高了学生的实践能力和综合素质，因此，创新能力的培养在工业机器人专业人才培养模式中非常重要。

第三节　课程结构

以工作过程为基础来开发职业教育课程的主流思想是一种学习领域的课程模式，目前，这种课程开发思想已成为我国高职教育课程开发的主流。很显然，育训部落在这种模式下开发的不同课程之间具有较强的纵向相关性，这种课程体系是比较适合培养工科类学生的。从岗位技能需求出发，课程设置与企业的岗位需求深度对接，将岗位能力要求转变成教学要求，将岗位的真实项目转化为教学项目，以“真项目、真设备、真流程、真考核”来打造育训共用的“金课”。

一、综合素能课程体系构建思路

遵循“注重应用、突出实践、理论与实践有机结合”的原则。综合素能课程体系结构应体现以新产业工人终身技能人才培养为目标，以职业素质为核心，培养综合素质较高、具有可持续发展能力的人才；以职业能力培养为本位，培养具有基础理论适度、知识面较宽，专业技能强的人才；突出实践教学，注重实践能力培养，建立与理论教学既相融合又具有相对独立功能的实践课程体系。

二、综合素能课程结构

按照“通用能力、专业基础能力、专业核心能力、拓展能力结构分解表”对专业所需知识、能力、素质进行分析，开发对应课程。按照“通用素能模块”“专业素能模块”“岗位素能模块”“专业拓展素能模块”来构建课程体系结构模块。

1. 通用素能模块包括基本能力模块和素质模块

基本素质是指职业素质中“为公民的基本素质”与“为职业人的基本素质”的总和，是从事职业岗位所应具备的素质；基本能力是指从事职业活动中，不针对某个具体工作岗位的综合应用知识和技能的能力。可通过思想道德修养与法律基础、毛泽东思想和中国特色社会主义理论体系概论、形势与政策、心理健康教育、大学体育、美育等课程来完成。

2. 专业素能模块包含专业素质和专业能力两个部分

专业素质是在已有的综合素质基础上，为从事某项专业技术活动所应具备的素质；专业能力是为了从事某项专业技术活动而必须熟练掌握和运用的一个或者多个技能点或服务标准或业务流程等。

3. 岗位素能模块包括岗位素质和能力两个部分

岗位素质和能力是针对某项特定的工作岗位应具备的实践操作的素质和能力。可通过课程实训、综合实训和顶岗实训来完成。

4. 专业拓展素能模块包括专业拓展素质和能力两个部分

专业拓展素质和能力是为应对就业市场的发展变化而具备的适应某群岗位的素质和能力，使学生能够在一系列横向或者纵向岗位群上扩展就业岗位。

三、综合素能实践课程体系建设

“大力推行工学结合，突出实践能力培育”是高职教育人才培养的要求，因此，在新产业工人终身技能人才培养课程体系建设中，对学生实践能力的培养必须充分重视起来，从而体现新产业工人终身技能人才培养具有理论适度、专业技能强、知识面较宽、综合素质高的人才特色。实训和实训室体现教学过程的实践性、开放性、职业性的三个关键环节。因此，在新产业工人终身技能人才培养课程体系的构建中，应将实践教学的全部内容融于三个环节，并贯穿教学过程的始终，体现理论教学课程与实践课程相辅相成，既相互融合又相对独立的功能。实践课程体系的结构应包括两个方面，即课内实践课程和课外实践课程。课内实践课程主要在具体的各专业课程中体现，是各专业课程中涉及需要学生掌握的某个技能点，学生须反复训练才能掌握和应用。因此，课内实践课程一般是在课堂、校内的实训室完成。课外实践课程是学完一门专业课程或者多门专业课程后，学生须掌握的多个技能点的综合，是某个专业核心能力的体现，学生须通过模拟或现场观摩或实际操作才能掌握和运用，因此，课外实践课程一般是在校内综合模拟实训室、校外实训基地、工作室内等完成。实践课程体系的开发也遵循模块开发模式，按照专业核心技能的层次进行模块设置。一般是由“认知和体验实验模块”“课程实训模块（按照专业核心能力的层级）”“综合实习模块”“毕业设计和顶岗实习模块”四个层次的实践性教学模块构成，每个模块都有明确的教学目标、教学内容、教学环节和教学场所。

第四节　实习实训

实训场地是培养高职学生实践技能和创新能力的重要场所，同时，也是育训部落打造岗课赛证终身技能综合育训的平台，高职院校要积极探索实训场地的建设。

一、校内生产性实训场地建设

校内生产性实训是实践内化为学生专业能力的过程。旨在培养学生综合运用所学专业知识与技术，解决基础技能训练的能力，增进理论与实际的联系，养成良好职业素质的综合性专业实践教学环节。因此如何更好地建设校内生产性实训基地是检验高职院校人才培养质量的重要因素之一。

校内生产性实训基地的建设可以结合企业实际生产情况、企业设备情况以及生产工序，购置符合培养目标的常规设备，并且按照企业车间的管理模式对实训场地进行管理，使学生在实训过程中能够体验企业真实的工作环境和真实的工作项目，从而培养学生的职业意识与素养。如建设“上班式”课程仿真实训环境，集学生实训、教师培训、技能竞赛与职业鉴定等功能于一体的综合性实训基地。建“技能大师工作室”，通过校企共建方式，承担高技能人才培训、师资培训、产品工艺和成果转化、技术咨询与服务、“非遗”技艺和特殊技艺传承与发展功能。在有条件的情况下，高职院校还应该做到紧跟科学技术及经济建设的发展，配备教学实训的软件和硬件。由此，学校在传授学生前沿技术与技能的同时，可以通过校内生产性实训基地开展代加工和纵向科研项目研发等工作，为校内生产性实训基地运行和持续发展提供“造血机能”。

二、校外实训基地建设

校外实训基地是产学研合作教育的重要依托。一是学校必须通过多种途径与企业建立合作关系，校企双方紧密结合，成立由企业代表参与的专业指导委员会，最终形成全方位的校外实训网络。二是将学生送到企业顶岗实习半年，将校内学到的技术知识和掌握的基本技能，用于企业实际生产当中，并且全面了解和掌握生产运行流程与管理过程。优秀的学生可以在通过实习期后转为正式员工，从而满足企业的用工需求。另外，企业也应该通过有偿或者无偿的方式提供设备，充实校内实训基地。三是加强与行业企业的联系，校企共建课程资源库。

三、管理机制及制度

由学校的二级学院作为实践教学基地的管理实体。可实行“三级建制、两级管理”。学校和企业的职能，主要是进行实训场地建设的顶层设计和宏观的管理；二级学院的职能，主要是负责落实全部实践教学活动的统筹和组织；教研室和实训中心的职能，主要是负责实践教学基地的管理，实训场地全天候开放，实行滚动教学，充分提高教学设施和设备的利用率。这种管理机制及制度不仅为学生自行安排学习和训练提供方便，为适应学生工学交替的需要提供了条件，还便于教师参与实践教学，便于教学、生产、研发和技术服务的一体化。

第五节 考核评价

一、培养评价

培养评价是检查人才培养模式效果的重要依据和保障。培养评价能对培养目标、课程组织、人才培养过程进行全面监控，并及时进行反馈与调节，是人才培养过程中的重要环节。根据反馈与调节，重新确定人才培养目标，修订专业方向教学计划，调整现有的课程体系，选择更合适的教学要求和组织形式。目前，引入“第三方”评价是高职院校对人才培养质量监控的有效路径之一。

二、学业评价

对学生的学业评价要体现为评价标准、评价主体、评价方式、评价过程的多元化。评价主体包括教师评价、学生评价、企业评价等；采用阶段评价、目标评价、项目评价、理论与实践一体化评价等多种评价模式；评价方式包括口试、笔试、操作、大作业、项目报告、课程作品等；评价过程包含：过程考核和期末考试，学习过程中考核和实践技能考核，这两类考核成绩在课程总成绩中的分值比重不低于60%，以学习态度、操作能力、方法运用、合作精神为考核要素，考查课程过程考核占比不低于60%，考试课程过程考核占比不低于40%。

三、综合素能评价

对综合素质和能力的评价不是单一化评价，而是采用多维度、多主体综合素能评价体系，对学生综合素质和能力进行有效评价。一是三级教学质量监控制度。包括“校级、院级、学生”三级监控及督导制度，实施一周一通报制度，切实提高教学质量，从而为学生综合素能的提高提供制度保障。二是不同形式的考核方式。以基本素能、关键素能以及专业素能为评价要素，集成课堂过程性考核、传统结果性考核、职业资格证书、职业技能大赛和学习过程跟踪反馈等多种考核评价形式，从而多方位、多视角对学生综合素能进行考核。

第八章　育训部落的保障

第一节　育训部落的文化构建

一、技能文化的认知

人类传统观念认为，文化是一种社会现象，它是由人类长期创造形成的产物，同时又是一种历史现象，是人类社会与历史的积淀物。确切地说，文化是能够被传承和传播的国家或民族的思维方式、价值观念、生活方式、行为规范、艺术文化、科学技术等，它是人类相互之间进行交流的普遍认可的一种能够传承的意识形态，是对客观世界感性上的知识与经验的升华①。文化大致可以分成三种类型，即精神文化、行为文化和物质文化。在精神文化中，精神是占主导地位的因素，物质处于被支配地位，为精神服务。例如，一个科学理论表现为一段文字表述，其内容是意识性的理论，其形式是文字表述，作为内容的理论是主导性因素，作为形式的文字性表述则由理论内容所决定并为其服务。在物质文化中，其物质性占了主导地位，意识是为物质性服务的。例如，一件物质文化产品，离开其物质性，就不能作为一种物质存在而起作用了。在行为文化中，精神因素和物质因素处于同等位置上，在行为文化的两端是精神文化和物质文化，精神文化可以通过行为文化向物质文化转变。

技能文化则是人们从技能及设备的运用和操作中彰显的人文品质与价值取向，它是人对技能的态度、看法、认识及技能劳动者的行为

① 引自百度百科。

表现和价值观体现。有高技能者，并不一定有高品质的技能文化。技能文化更能体现育训部落内涵和技能人才成长规律的特色。技能文化的核心要素是劳模精神和工匠精神。因此，高职院校培养高素质技能技术人才的关键在于“技能文化”育人的功能和作用。个体对技能的认知与技能价值的追求，构成了技能文化的核心要素。从职业教育的视角看，技能文化本质上包含技术技能、职业精神、职业思维和职业拓展能力四个元素。其中，技术技能是技能文化的显性元素，职业精神、职业思维以及职业能力，是技能文化的隐性元素①。

二、技能文化的氛围的营造

在一些工业发达国家“崇尚技能”已深入人心，在我国受“学而优则仕”“劳心者治人、劳力者治于人”传统观念的影响，要在社会大环境中真正形成崇尚技能的社会氛围，需要社会、企业和学校通过各种途径并不断弘扬来实现。2014 年，习近平总书记提出要“弘扬劳动光荣、技能宝贵、创造伟大的时代风尚”，为促进青年的职业技能发展，形成崇尚技能的氛围。2014 年 12 月，联合国大会决定将每年的 7 月 15 日定为世界青年技能日。企业要积极主动开展校企合作育人，将“技能文化”作为企业的核心文化之一，向人才选用、薪资福利等方面进行倾斜。学校要全面聚焦对高素质技能技术人才的培养，对标 2015 年教育部对高等职业教育提出的“着力培养既掌握熟练技术，又坚守职业精神的技术技能人才”“促进职业技能培养与职业精神养成

---

① 苏海莎. 基于高职院校技能文化育人新路径研究［J］. 云南农业大学学报（社会科学），2020，14（1）：131-135.

相融合”的要求，进行顶层设计和制度设计。通过校级、省级、国家级和世界技能大赛来激励师生共同进步，向大国工匠迈进。高职院校要从制度上对参加各级各类竞赛获奖的教师在多个领域予以精神和物质上的重奖，使练就技艺、你追我赶、追求卓越蔚然成风。

三、技能文化的校企深度合作

技能文化培育人其本质就是在实践中提升技能，校企双向合作，营造校企共育环境，通过企业、学校不同的教育环境和教育资源，把课堂搬到车间，把车间作为课堂，学生在岗位上提升实际操作技能和职业素养，及时了解行业未来发展趋势，从而使专业培养目标融入生产实践。通过课堂教学和企业教学有机结合，校企联合打造技能文化育人的新模式。

企业要注重将职工个体职业行为与企业价值观有机融合，搭建起“学技术、练本领、比技能”的人才培养平台。营造崇尚技术技能、尊重劳动及劳动成果的浓厚氛围。

四、技能文化育人的校园载体

在高职院校中，校园文化活动应与职业文化相融合，进而影响学生的职业道德，让学生熟悉相关职业文化，锻炼学生职业品质。校园文化可以把技能文化列入校园重点文化来培育，作为高等职业院校校园文化育人的有效载体。通过多层面的校园技能文化活动，提升在校大学生的技能文化体验。当前各高职院校的校园文化丰富，组织形式多样，专业社团的组织建设对技能文化培育有明显影响。每年全国举办的各类技能大赛（国赛、省赛、校赛）开展得如火如荼，这是高职大学生校内外竞技的重要舞台，能够在参与中找到差距，在竞技中技能得到提升，技能竞赛成为学生展示技能、交流技能的平台，真正发挥了学校的技能文化育人载体功能，实现了高素质技能人才培养的目标。

第二节　育训部落的制度创新

一、新产业工人终身技能生成机制问题的提出

2017年，《新时期产业工人队伍建设改革方案》[①]（以下简称《改革方案》）印发。《改革方案》明确提出，要把产业工人队伍建设作为实施科教兴国战略、人才强国战略、创新驱动发展战略的重要支撑和基础保障，纳入国家和地方经济社会发展规划，造就一支有理想守信念、懂技术会创新、敢担当讲奉献的宏大的产业工人队伍。《改革方案》围绕加强和改进产业工人队伍思想政治建设、构建产业工人技能形成体系、运用互联网促进产业工人队伍建设、创新产业工人发展制度、强化产业工人队伍建设支撑保障等五个方面，提出二十五条改革举措，涉及产业工人思想引领、技能提升、作用发挥、支撑保障等方面的体制机制，为推进产业工人队伍建设提供了重要保障。目前，新产业工人终身技能生成机制存在以下问题：第一，终身技能生成动力不足。学校、企业及新产业工人本身对终身技能要素构成缺乏理性认知，整体职业规划缺失，阶段性规划及长远规划难以有效衔接，“技能短视”导致“技能终身”动力不足，缺少一体化机制。第二，终身技能生成资源不够。政产教研等育训主体资源、信息、人才等流动不畅，技能生成的共享型资源较为缺乏，共建、共管、共育的机制不健全。

① 2017年2月6日，中共中央、国务院印发了《新时期产业工人队伍建设改革方案》，自2017年2月6日起实施。

第三，终身技能生成路径不畅。目前对于园区新产业工人终身技能生成的培养中，缺乏可以借鉴的实践经验，缺少终身技能生成路径和有效模式，造成顶层设计难以落地的问题。

二、产业工人培养成长规划制度

普通高等教育和高等职业教育是同一层次的教育，但两种教育类型不同。普通高等院校培养学术型人才和工程型人才，高等职业院校培养技术型人才。学术型人才具备深厚的理论知识，有较好的学术修养和较强的科研能力，特别是在某一专业方向上有较高的研究能力。工程型人才具备较强的应用知识、解决实际工程问题的能力，更强调工程实际经验的积累。技术型人才要能综合运用各种知识，解决生产第一线、工作现场潜在与显现出的问题（特别是要具备处理突发性问题的应变能力），具有一定的操作技能（主要是高级、精密、集成化程度很高的设备的操作技能）。

针对园区产业发展的实际，项目组共同研究技能人才的成长规律，指导学员/员工全面制定和落实个人技能提升的中长期规划。园区设立了技能人才成长咨询师岗位，专门指导产业工人制定和落实个人技能发展规划，园区内数万名产业工人制定了五年技能成长规划。项目组开设了“职业生涯规划”课程，为每名学生配备了技能成长导师，每年组织学生对个人技能成长规划落实情况进行总结反思，让学生牢固树立规划引领成长的思维。学校近十年共有数万名学生制定了三年职前规划和五年职中规划。同时项目组系统设计了工业机器人、数控车、汽车装配等四十二个职业的职前、职中、职后、转岗的终身技能成长模型，为学校、企业培养技能人才提供指引，为个人技能生成提供方向。新产业工人终身技能模型（以工业机器人技术专业为例）如图 8-1所示。

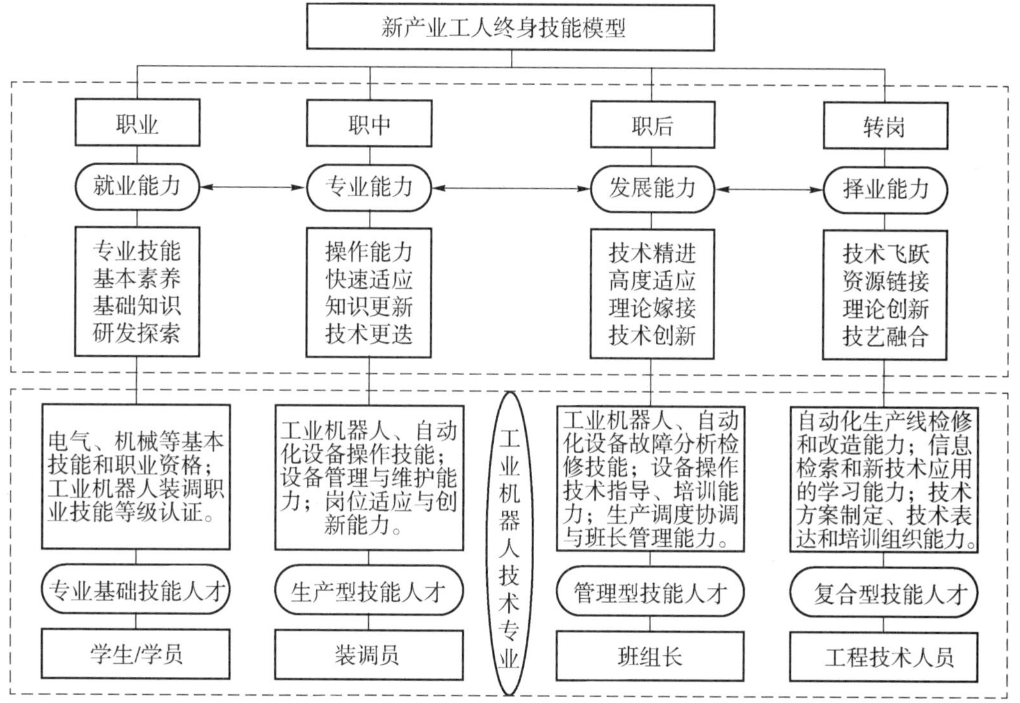

图 8-1　新产业工人终身技能模型（以工业机器人技术专业为例）

三、“双师型”教师队伍培养制度

2019 年，教育部等四部门关于印发《深化新时代职业教育“双师型”教师队伍建设改革实施方案》的通知[①]明确提出，经过 5~10 年时间，构建政府统筹管理、行业企业和院校深度融合的教师队伍建设机

① 教育部等四部门关于印发《深化新时代职业教育“双师型”教师队伍建设改革实施方案》的通知，（教师〔2019〕6 号）。

制，健全中等和高等职业教育教师培养培训体系，打通校企人员双向流动渠道，"双师型"教师和教学团队数量充足，双师结构明显改善。建立具有鲜明特色的"双师型"教师资格准入、聘用考核制度，教师职业发展通道畅通，待遇和保障机制更加完善，职业教育教师吸引力明显增强，基本建成一支师德高尚、技艺精湛、专兼结合、充满活力的高素质"双师型"教师队伍。

我国目前高职院校"双师型"教师的比例不足 15%，高技术素质的"双师型"教师匮乏，是导致一些高职院校人才培养质量不高，缺乏特色的重要原因，长此以往势必影响我国的经济发展。因此，加强"双师型"教师队伍建设已是刻不容缓的事情，必须加快建设步伐。

1. "双师型"教师的要求

所谓"双师型"教师，是指教师不但要有教师资格证书（副高以上职称），还要拥有除教师专业技术职务以外的行业资格证书、专业技能培训证书。建立"双师型"教师队伍是高职院校师资队伍的特色，是提高教育质量，办出高职特色的关键，也是培养高素质技能人才的根本保证。

"双师型"教师队伍有两重含义：一是对教师个体而言，即专业教师应有良好的职业道德、较强的教育教学能力，又有丰富的实践经验和较高的专业操作示范技能。二是对学校而言，通过建立兼职教师"人才库"，健全兼职教师业务档案，建立一支素质较高、相对稳定的兼职教师队伍，逐步完善师资队伍的组成结构，这是办好高职教育的重要保证之一。因此，学校应出台"双师型"教师队伍建设规划制度文件，对学校"双师型"教师队伍提出明确的要求和考核办法，有计划、有步骤地为教师提供学习和培训机会，以促进"双师型"教师的成长。

2.“双师型”教师队伍建设存在的问题

首先，当前社会对职业教育的认可度比较低，与本科院校相比，总是处于弱势状态，高职院校之间在固定资产、教学仪器设备、在校生质量等方面也存在一定的差异。这致使高职院校的教师在思想上认为低人一等，缺乏自信心，因此，主动性和积极性不高。

其次，高职院校本身对“双师型”队伍建设还不够重视。一是高职院校没有从实际出发，制定科学合理的师资队伍发展规划，没有考虑师资队伍的合理结构，盲目引进，对师资队伍建设也缺乏有效的管理机制。二是近年来正直生源的高峰期。学生人数多，教师授课任务重，而高职院校不是按照相应的师生比来设置学校编制的。学校很难抽出教师参加专门的实践培训或者到企业顶岗实习。三是高职院校的教师大都是本科生或者研究生毕业直接到学校任教，越是高水平的高校毕业生，学科教育和背景越重，理论知识强、动手能力弱。而有实践经验的企业骨干调入高职院校任教难度较高，因而专业教师整体素质单一，不能形成优势互补的师资结构。

最后，职称评审政策和细则对高职院校教师没有很好体现。对于职业竞赛、技能竞赛、教学竞赛方面的分值体现不突出，仍偏重学术要求。

3.“双师型”教师队伍建设的措施

（1）转变观念，加强终身学习。

高职院校大多数教师都是本科生或者研究生。直接从这个学校“走到”另外一个学校，因此来自普通高校的学科教育的烙印很深，许多教师对参加相关专业的技能培训和下企业锻炼积极性不高。有的教师甚至对从事实践教学的教师有偏见，认为实训教师没有高文凭、只能教学生动手操作。无形中实训教师有种能力不如上理论课的教师的感觉。因此，要加强职业思想的教育和引导，使其思想上重视职业技能的培训并积极主动投身于职业技能培训中。学校每年可以安排教师到专业对口企业进行实践锻炼。通过企业实践、合作研发等形式，为他们创造一些接触生产实际，了解企业生产流程，提升自己专业技能的机会。回校后，在教学中能及时补充关于生产现场新技术、新工艺的内容，提高教学的针对性，增强课堂教学效果。项目组学校采取校企双向合作模式，出台“一师一方案”和《教师下企业实践锻炼管理办法》《兼课教师管理办法》等一系列制度办法。要求每个专业教师至少紧密对接服务一家经开区内企业，紧跟一个前沿技术方向，确定一名企业导师，参与一个企业真实项目。促进大师和教师双向流动，要求教师“走出去”，到企业转换角色，提升胜任企业实践的能力。

(2) 校企合作，共同培养“双师型”教师队伍。

校企合作，共同建立培养“双师型”教师队伍的机制。一方面，校企合作不仅能为学生提供与专业契合度很高的顶岗实习岗位；另一方面，校企合作为教师参加企业实践锻炼，提高自身的专业技术水平提供了平台。通过校企合作，教师了解企业先进的前沿的新技术、新知识、新工艺以及新方法。同时，利用企业实践锻炼的契机，教师可以直接从生产第一线获得设备操作与管理经验，为返校后更好地落实课程教学目标任务奠定良好基础。

(3) 拓宽“双师型”师资引进渠道。

加大对高职称、高技能人才的引进力度。同时建立兼职教师“人才库”，健全兼职教师业务档案。有计划地邀请大师“走进来”，柔性引进企业能工巧匠来校建立工作室，聘为产业教授、兼职教师，带领教师进行技术服务，指导师生进行项目开发和技术研发。通过校企联合打造共生的融教学模式，推动校企之间的交流合作，提升教师工程实践能力、服务企业和园区发展能力。

四、技术技能校企交互积累制度

《现代职业教育体系建设规划（2014—2020年）》（教发〔2014〕6号）① 提出，“创新校企协同的技术技能积累机制，实现新技术产业化与新技术应用人才储备同步”。校企协同技术技能积累机制的总体目标是以市场为导向，基于“校、企双方利益最大化”的原则，通过整合职业院校与企业的优质要素资源，以技术技能型人才培养为核心、以技术研发与成果转化为途径，促进技术积累、技术创新与技能型人才素质的同步提升，为区域经济发展和产业转型升级提供支撑。

1. 我国校企协同技术技能积累的模式有三种

一是合同模式。即企业委托职业院校进行产品设计或者技术研发，由企业提供资金、职业院校提供技术专家和技术设备。实施的主体是职业院校。二是基地合作模式。企业与职业院校合作建立技术技能积累与创新基地，由企业提供资金和场所、职业院校提供研发人员和研发条件。实施的主体是企业。三是项目合作模式。企业和职业院校建立合作组织，成立股份公司，共同研发推进成果转化。实施的主体是企业和职业院校。

① 教育部等六部门关于印发《现代职业教育体系建设规划（2014—2020年）》的通知（教发〔2014〕6号）。

2. 协同建设协同技术技能积累平台

政府是校企协同技术技能积累平台机制的推动者，政府的政策和制度供给是构建校企利益共同体的关键要素；企业是校企协同技术技能积累平台机制的直接受益者，与职业院校合作进行技术技能积累，既是企业自身发展的需要，也是企业承担社会责任的重要体现；职业院校是校企协同技术技能积累平台机制的主体参与者，也是最终受益者。项目组按照“人才共育、利益共享”的原则，园区、学校、企业、行业等机构协同创新共同成立了“技能人才培养合作理事会”。理事会积极统筹资源，全力推进技术技能积累平台的建设，并积极出台技术技能校企交互积累制度。通过人才、技术、资金、信息等资源的优化配置，有效推动技术技能的积累与创新。

3. 三级衔接建立技能激励制度

项目组按照“政策共同适用、制度一体贯通”原则，打造新产业工人“学生—技术工人—技能大师”终身技能生成激励机制。在校学生到企业实习、考取企业资格证书可以抵扣学分，学生获得省级以上技能大赛三等奖以上直接推荐就业。学生在经开区内企业就业满六个月，分别给予企业和学校补助，学校年度累计输送人数超过一定的人数，额外给予奖励。对企业组织员工参加技能提升培训，按获得的资格证书等级给予相应的补助。对获评市级以及以上“技能大师”的技能人才，按照政策给予奖励。

第三节　育训部落的教学组织

一、育训部落“工作室制”教学组织形式

工作室制教学模式是对传统教学模式的突破，整合知识，以项目的形式重塑教学，改变以往的教学模式，弥补知识点条块割裂，学生吸纳新知识缓慢，动手实践内容偏少偏弱的不足。具体的“工作室”制教学组织实施情况如下：

（1）改造教学实训场地。为了营造真实的企业工作氛围，传统的教学场所已不能满足工作室制的教学需求，着重从以下几个方面去改造：工位布局按照企业的要求进行改造；制作个性化工位牌和工作牌，强化学生的职业认同感；制度和业绩上墙，强化约束和激励机制。

（2）工作室学生筛选。学生经过比较系统的专业基础课程学习后，大二第二学期可通过双向选择进入工作室。学校和企业联合培养学生，完成生产性教学任务。毕业后，学生可直接转正进入企业。

（3）制定工作室的规则制度。工作室规章制度引入企业化的考核制度，包括基本的考勤考核制度、业绩上墙制度以及晋升制度。考勤考核制度主要侧重于约束“准员工”基本的行为准则，业绩上墙制度是每个月将“准员工”的业绩进行公布，同时和晋升制度相结合。通过上述制度，可以调动工作室“准员工”的积极性和创造性，也能培养其责任感，树立职业人的意识。

（4）工作室考核评价机制。将评价机制与推荐就业挂钩。对学生

课程的评价采取职业素养评价和项目完成情况的积分制度相结合的评价方式。

二、育训部落“实景课堂”教学组织形式

“实景课堂”是课堂教学中的一种新型教学手段，其特征是：它可以不断变换学生和教师在授课过程中的角色；授课模式可以灵活多变。作为一种传统课堂教学的辅助教学手段，对高素质技能人才的培养，具有非常重要的现实价值和意义。

1. 表演式实景课堂

表演式实景课堂与传统实际课堂的区别如表 8-1 所示。

表 8-1　表演式实景课堂与传统实际课堂的区别

	表演式实景课堂	传统实际课堂
授课方式	教师为主演，学生为观众	教师主导、学生参与
授课的特征	强调在整个课堂教学过程中，暂时屏蔽学生的主动性，完全或者部分剥夺学生的参与权利	强调学生在课堂中的主动性和参与性，强调教师的引导性和课堂组织
授课的特点	感受式、感知式。专家、学者和教师是课堂的表演者，学生就是观众。就如在电影院看电影一样，只负责欣赏和认知	协同合作。专家、学者和教师是课堂的主导者，学生既是表演者也是观众
授课的效果	课堂的教学效果及可控性能较好地体现出来，学生是以放松的心态去感知、感受，无心理负担	课堂的教学效果及可控性能较好地体现出来，学生专业学习的主动性和学习兴趣明显加强

续表

	表演式实景课堂	传统实际课堂
不同之处	与传统实际课堂相比，专家、学者和教师在表演实景课堂上是实际的操作者，在讲授的过程中，不需要考虑学生的参与和配合，专家、学者和教师只要展现在此领域的专业技能和业务水平，学生也不因课堂上讲解的知识点和问题的设置等而有心理压力，完全是以放松的心态去感知专家、学者和教师对此领域知识的展现	

2. 讲座式实景课堂

讲座式实景课堂与表演式实景课堂的区别如表 8-2 所示。

表 8-2　讲座式实景课堂与表演式实景课堂的区别

	讲座式实景课堂	表演式实景课堂
授课方式	教师为主讲，学生为观众	教师为主演，学生为观众
授课的特征	学生在专家、学者和教师“讲座”的过程中要对“讲座”内容进行认真思考，并在课堂互动的环节针对专家、学者和教师的“演讲”提出针对性的问题，期待“解惑”	强调在整个课堂教学过程中，暂时屏蔽学生的主动性，完全或者部分剥夺学生的参与权利
授课的特点	有步骤、有深度地逐步授课。针对讲授内容与学生进行交流、沟通。坦白讲就像我们平时在听讲座时一样，主讲人首先对所讲内容进行系统、翔实的分析、讲解，然后针对授课内容学生提问，教师解答	感受式、感知式。专家、学者和教师是课堂的表演者，学生就是观众。就如在电影院看电影一样，只负责欣赏和认知

续表

	讲座式实景课堂	表演式实景课堂
授课的效果	授课模式虽然听起来刻板、单调，但在实际操作上，则更能保证知识传授的系统性和逻辑性，不受其他因素的影响，而且对于问题的提出、解答、分析，也更有针对性和深度	课堂的教学效果及可控性能较好地体现出来，学生是以放松的心态去感知、感受
不同之处	与表演式实景课堂相比，学生的身份是讲座式实景课堂中的“观众”，在课堂中就不仅仅是感知专家、学者和教师展示给自己的教学体验了，而是在专家、学者和教师“讲座”过程中对“讲座”内容进行认真思考，并在课堂互动的环节针对专家、学者和教师的“演讲”提出针对性的问题，期待“解惑”的课堂授课模式	

3. 驾校式实景课堂

驾校式实景课堂与传统实际课堂的区别如表 8-3 所示。

表 8-3　驾校式实景课堂与传统实际课堂的区别

	驾校式实景课堂	传统实际课堂
授课方式	教师为教练，学生为学员	教师主导、学生参与
授课的特征	感受式、感知式。专家、学者和教师针对学生的成果展现，进行评判并提出建设性的指导意见	强调学生在课堂中的主动性和参与性，强调教师的引导性和课堂组织
授课的特点	在整个课堂过程中，学生分成若干组，每个组由 3~5 名成员组成。分别对专业知识进行解析、整理、汇总、展示。专家、学者和教师针对学生的成果展现，进行评判并提出建设性的指导意见	协同合作。专家、学者和教师是课堂的主导者，学生既是表演者也是观众

续表

	驾校式实景课堂	传统实际课堂
授课的效果	实现了课堂的教学目标，学生学习的主动性进一步提高。体现了团队互相协作的能力	课堂的教学效果及可控性能较好地体现出来，学生专业学习的主动性明显加强
不同之处	与传统实际课堂相比，在整个课堂过程中，学生分成若干组，每个组由 3 ~ 5 名成员组成。分别对专业知识进行解析、整理、汇总、展示。专家、学者和教师针对学生的成果展现，进行评判并提出建设性的指导意见，体现了团队互相协作的能力	

三、育训部落“工学交替”教学组织形式

根据专业特点和要求，工学交替可以采取多种形式，包括长期式、短期式和滚动式。长期式工学交替可以在校内开展实训教学，将校内实训内容全部完成后，用一个学期或一个学年的时间到企业参加工作，在企业中完成全部校外实训内容，取得相应的职业学分。短期式工学交替是以模块训练为单位，采用学习单元制的方式，一个模块训练完成后，便可参加企业相应的实训操作。操作时间和取得学分的情况根据自身的技能水平和能力决定，只要达到企业要求，便可以结束某一实训期，取得相应学分，进入下一个实训项目。时间上自由灵活，改变了优秀学生学习进度缓慢的弊端。滚动式工学交替是将以班级为单位的学生按批次分配到企业进行工作，参加企业实训，第一批在企业工作结束后由第二批衔接，实现学校与企业不间断地开展实训，资源充分利用，学习与工作滚动进行。这种工学交替的教学组织形式使企业与学校在文化、技术、观念、知识等多方面互相影响，互相促进，

达到融合。学生在学习与工作的过程中，共同受到学校文化与企业文化的熏陶，将在企业培训的新技术带回到学校的学习过程中，再将学校形成的创新观念和创新技术通过在企业工作过程中得到印证，通过工学交替的教学组织形式，将工与学全方位地结合起来。

第四节　育训部落的产教融合

一、育训部落的产教融合的模式

产教融合是一种主题多元、价值诉求多向、关系交错复杂的合作形态，合作形式多样且机制灵活，不同历史阶段、不同地区、不同院校都努力探索适合自身的最佳的产教合作模式。近年来，高职院校把产教融合、工学结合作为人才培养模式的改革方向，在理论和实践中进行了积极探索，取得了显著的成效，已成为职业教育界的共识。从国内的情况来看，以政府为主体的产教融合模式主要包括：联合开展科技攻关、合作创办企业、共同成立技术研发所、联合培养创新人才校地合作、构建产业技术战略联盟等。以学校为主体的产教融合模式主要包括“学园城一体化”模式和“前校后厂”“校中厂”“厂中校”模式，等等。随着市场环境的变化，相关主体意识观念的更新、资源整合的力度以及政策推进的深度，产教融合的模式形态也发生了变化。

育训部落的产教融合采取职教集团型模式。职教集团总体架构可概括为“五位一体”——政（政府）、产（行业企业）、学（学校）、研（科研院所）、市（市场）各要素有机融合的“教育服务联合体”。在这种机制保障下，教学性生产与生产性教学、学习性生产与生产性学习、学习体验与职业体验、生产车间与实训场地、新技术学习推广与新技术发明创造，都是功能交互，相互共存的。所谓职业集团化，就是将经济学领域中的“集团化”经营模式引入职业教育领域中，是在市场经济推动下，职业教育领域进行的符合职业教育办学规律的体制创新。其目的在于联合企业、依托行业，强化职业院校与企业之间、职业院校之间的联系，有效地整合教育资源和经济资源，从而实现资源共享。职教集团模式对有效调整职业教育办学结构，进一步整合职教资源，减少重复建设，不断提高人才培养水平有重要作用，是职业教育更好地服务地方经济，实现职业教育规模化、市场化、集约化的一条重要路径。在职教集团内部，招生即招工，招工即招生。根据企业订单要求，灵活安排学习和实践、生产，做到做中学，学中做。

二、终身技能生成共享平台的机制

“终身技能生成”的内涵：重在学生职前专业基础技能的训练，职中生产型技能的培养，职后管理型技能的锤炼，转岗复合型技能的提升。“终身技能生成共享平台”机制建设，体制上从相互利益保障促进产教的深度融合，路径上实施“产学研教”和工学交替的多元立交，重心上突出协同育人的品牌定制和人才培养的质量。为学校应用型、技能型人才培养及教育创新提供了强有力的支持。依托平台，学校逐步形成“跳出教育发展教育、跳出教育评价教育、跳出教育反思教育”的体制机制；制定学生技能成长工程、双师教师培养工程、技能大师培养工程；逐步形成园区、学校、企业一体化办学，产教一体化教学、学做一体化学习。依托平台，建立完善的系统化、多层次的实践教学体系。依托平台，创办园区公共服务中心，可同时为学生、员工提供不同工种的技能训练；创办职业训练学院，可同时提供数种职业训练。

三、育训部落产教融合的教学创新

1. 依托园区企业，实现产教融合的教学模式

高职院校可以根据学生自愿报名、面试选拔，以及入室前集训等环节组成“专业订单班”。订单班重在专业方向分流的定向培养，旨在培养具有丰富实践经验的高技能人才。订单班采取半工半读的模式，其中半天上课，其余以“导师制”方式，在工作室接受客户委托，从事真实项目开发。每位指导教师负责 6~8 位学生，课程教学内容就在项目研发中心完成，考核成绩由平时成绩和项目完成评定成绩组成。订单班的学生不仅考核方式灵活多样，而且采取学分替换、弹性学分制管理办法。以真实项目为载体，实施学分制管理有利于分层次、分岗位的定向培养，极大地增加了学生学习的自主性，很好地落实了以生为本的教育理念。另外，教师也在科研考核上有加分项。改革成效：这种培养模式，通过项目载体，使学生能体验真实的企业环境、企业文化和企业压力，不仅能够提高专业技能，而且有利于职业素养的培养。

2. 依托职教集团，优化课程内容，创新基于项目的通识教育课程

以学生成长为本，以通识教育为主线，形成相应的课程体系和实践教学教材。通识教育是终身教育的重要组成部分。高职通识教育是终身职业继续教育的一个阶段。高职通识教育可以分为“大通识”和“小通识”教育。“大通识”主要是指向全校学生开设的公共课程，比如思想道德修养与法律基础、大学语文、公共英语、应用数学、心理健康教育、体育、美育等课程，旨在与高职院校学生相匹配的公民素养的提升。“小通识”是以专业大类为基础，提升专业基本素质，旨在职业人文文化素养的提升。按照课程的逻辑关系，小通识课程是在大通识课程在专业教育中“软”职业素质的延伸。

3. 依托云计算技术，创新基于空间的课堂教学

高职学院可以为教师开设教学空间平台，所有教师和学生可以通过实名制认领空间账号。教师通过账号把课程资源上传到平台，作业、测验等教学环节都可以通过平台发布。学生通过账号认领学习任务，上传学习成果；并能通过平台课程资源的学习，巩固学习成果。以云计算为核心的现代教育技术，为教育教学所带来的“破”和“立”，无论是深度、广度，还是教学突破的效度都超过了以往任何一种教学改革。

4.“学分银行”实施职业技能终身的培养生态

通过高等职业教育“学分银行”制度的建设，积极推动高技能人才培训成果的认定。政府层面应积极统筹推进职业教育“学分银行”制度建设，促进职业技能培训的成果与学历教育证书、职业资格证书等之间的学分互认和转换。高职院校应主动作为，同企业、行业之间组建学分银行联盟。积极推进课程标准体系建设。特别是职业技能培训课程标准建设，使之标准化、模块化、可视化。根据不同类型课程的学习时间长短、学习难度系数等设定不同的转换系数，将不同的课程取得的学分转换成标准的学分。高职院校要借助“1+X”证书制度实施的契机，推进“1+X”证书制度试点建设，对学员通过学习、培训取得的各类证书、各类技能竞赛获奖、创新创业成果等进行认定，并根据不同的级别制定学分转换标准。同时，对学生进行学习成果的认定，转换成相应的课程学分，促进学历证书与“1+X”证书互通。最终，为职业技能人才的培养提供终身化学习的路径。

参考文献

［1］国务院关于推行终身职业技能培训制度的意见［EB/OL］.（2018-05-08）［2022-08-16］. http://www.gov.cn/zhengce/content/2018-05/08/content-5289157.htm.

［2］教育部等九部门关于印发《职业教育提质培优行动计划（2020—2023年）》的通知［EB/OL］.（2020-09-23）［2022-08-16］. http://www.moe.gov.cn/srcsite/A07/zcs_zhgg/202009/t20200929_492299.html.

［3］中共中央、国务院印发《新时期产业工人队伍建设改革方案》［EB/OL］.（2017-06-20）［2022-08-16］. http://www.cankaoxiaoxi.com/china/20170620/2133233.shtml.

［4］国务院关于印发全民科学素质行动规划纲要（2021—2035年）的通知［EB/OL］.（2021-06-03）［2022-08-16］. http://www.gov.cn/zhengce/content/2021-06/25/content_5620813.htm.

［5］孙兵，周启忠. 职业教育育训共同体的构建与实践探索［J］. 江苏工程职业技术学院学报，2020，20（4）：79-85.

［6］联合国教科文组织国际教育发展委员会. 学会生存——教育世界的今天和明天［M］. 北京：教育科学出版社，1989.

［7］Dale. S. Weis. Experimental Microbial Ecology［M］. London: Blackwell Scientific Publication. 1982：320.

［8］李思强. 共生构建说论纲［M］. 北京：中国社会科学出版社，

2004：192-202.

［9］胡守钧. 社会共生论［M］. 上海：复旦大学出版社，2006：1-10.

［10］张斌峰，郭金林. 共生思想研讨会综述［J］. 哲学动态，1999（10）：20.

［11］彭婷. 共生理论视域下教师学习共同体分析［D］. 重庆：西南大学，2016.

［12］戴越. 现代都市农业发展研究：以政府推动为视角［J］. 理论探讨，2017（6）：100-102.

［13］陈思静. 基于校企合作的工商管理专业学生应用能力培养模式探索［J］. 学园，2018（34）：164-165.

［14］蒙小燕. 技工学校职业教育高技能人才培养模式分析［J］. 科学中国人，2017（20）：220.

［15］吴佑林，张金梅，胡昭华. 技工院校"校企合作冠名班"的专业共建现状分析调研报告［J］. 考试周刊，2017（93）：7-8.

［16］万朝丽，王杏蕊. 中等职业学校创新创业教育实践：评述与建议［J］. 当代职业教育，2020（06）：34-35.

［17］杨磊，朱德全. 我国现代职业教育体系建设：新业态、新问题、新路向［J］. 云南师范大学学报（哲学社会科学版），2020，52（06）：142-144.

［18］李建，吕大章，万长胜. 中职分段分层多元化人才培养模式改革与实践［J］. 教育科学论坛，2021（15）：30-33.

［19］董宝成. 中等职业学校教育改革初探［J］. 现代交际. 2019（22）：189.

［20］王英春. 高等职业教育与区域经济协同发展研究［J］. 辽宁高职学报，2021，23（07）：6-8.

［21］胡平平. 一流本科教育的内涵［J］. 现代教育科学，2021（02）：1-4.

［22］胡科. “双一流”建设背景下本科教育质量的影响因素研究［J］. 黑龙江高教研究，2021（02）：1-6.

［23］杨蕾，李倩，池玮，等. 2020 年我国高等教育研究热点分析：基于人大复印报刊资料《高等教育》载文数据［J］. 河北科技大学学报（社会科学版），2021，64（02）：66-69.

［24］林健. 一流本科教育：建设原则、建设重点和保障机制［J］. 清华大学教育研究，2019，40（02）：1-3.

［25］孙刚成，吴锐. 创建中国特色高水平本科教育的价值与路径［J］. 教师教育论坛. 2019（07）：4-9.

［26］牛钰. 高职“1+X”育训结合教学改革探索：以黄河水利职业技术学院为例［J］. 职业技术教育，2020，41（35）：46-49.

［27］张松慧. 高职教育课程标准与职业岗位标准对接研究［J］. 现代企业教育，2013（20）：137-138.

［28］李锐. 基于“课证融合”“课赛融通”和“课岗结合”的高职会计专业课程体系优化与实践［J］. 现代职业教育，2017（07）：142.

［29］王银. “岗课赛证”四位一体的工程造价专业：人才培养模式探索研究［J］. 建材与装饰，2020（02）：178-179.

［30］张润. 以证为引 以课为主：扎实推进融证入课［N］. 中国教育报，2020-03-12.

[31] 苏海莎. 基于高职院校技能文化育人新路径研究 [J]. 云南农业大学学报（社会科学），2020，14（1）：131-135，148.

[32] 任秉春. “双证书”制度对高职人才培养模式的影响探析 [J]. 新西部，2020（18）：161-163.

[33] 谢明荣，邢邦圣. 高职教育的培养目标和人才规格 [J]，职业技术教育（教科版），2001，22（7）：17-19.